Impressum
Verlag: BABADADA GmbH, Nedderfeld 112 , 22529 Hamburg
Geschäftsführer / Verlagsleitung: Harald Hof
Druck: Books on Demand GmbH, In de Tarpen 42, 22848 Norderstedt

Imprint
Publisher: BABADADA GmbH, Nedderfeld 112 , 22529 Hamburg, Germany
Managing Director / Publishing direction: Harald Hof
Print: Books on Demand GmbH, In de Tarpen 42, 22848 Norderstedt

σχολείο
學校

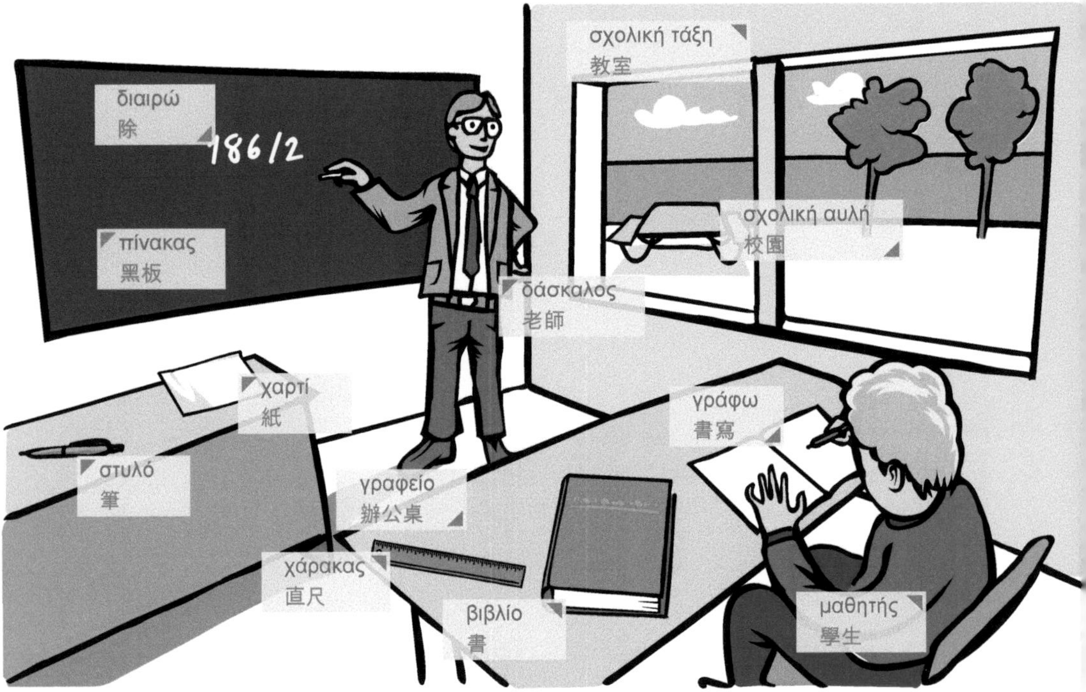

σχολική τάξη
教室
διαιρώ
除
186/2
σχολική αυλή
校園
πίνακας
黑板
δάσκαλος
老師
χαρτί
紙
γράφω
書寫
στυλό
筆
γραφείο
辦公桌
χάρακας
直尺
βιβλίο
書
μαθητής
學生

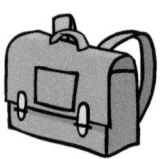

σχολική τσάντα

書包

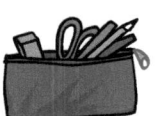

κασετίνα/ μολυβοθήκη

鉛筆盒

μολύβι

鉛筆

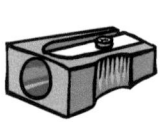

ξύστρα

削鉛筆機

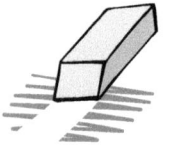

γόμα

橡皮擦

μπλοκ ζωγραφικής

畫板

ζωγραφική

圖畫

πινέλο

畫筆

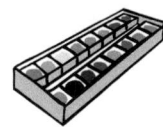

κουτί χρωμάτων

顏料盒

ψαλίδι

剪刀

κόλλα

膠水

τετράδιο ασκήσεων

練習冊

εργασία για το σπίτι

家庭作業

αριθμός

數字

προσθέτω

加

αφαιρώ

減

πολλαπλασιάζω

乘

υπολογίζω

計算

γράμμα

字母

αλφάβητο

字母表

λέξη

字

κείμενο

課文

διαβάζω

讀

κιμωλία

粉筆

μάθημα

上課

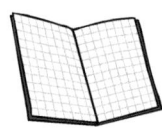

εγγράφομαι

登記

τεστ

考試

πιστοποιητικό

證書

μαθητική στολή

校服

εκπαίδευση

教育

εγκυκλοπαίδεια

百科全書

πανεπιστήμιο

大學

μικροσκόπιο

顯微鏡

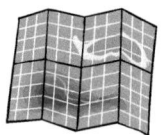

χάρτης

地圖

καλάθι αχρήστων

廢紙簍

ταξίδι
旅行

ξενοδοχείο
飯店
Grand
ξενώνας
青年旅社
ROOMS
EXCHANGE
ανταλλακτήρια συναλλάγματος
外幣兌換處
βαλίτσα
手提箱
αυτοκίνητο
汽車

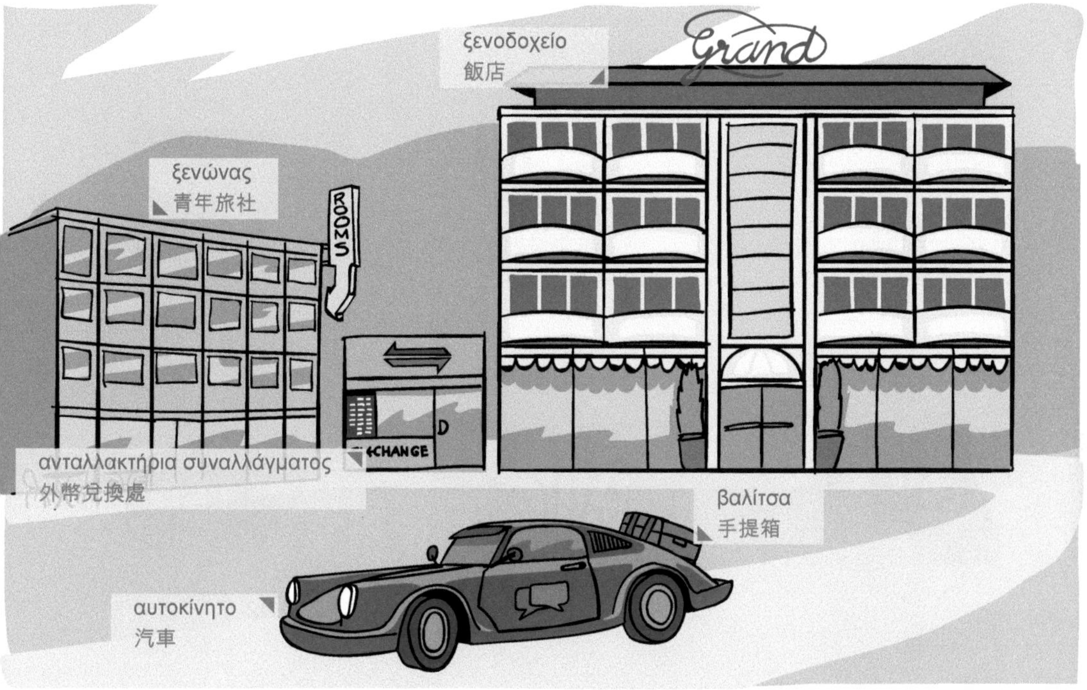

γλώσσα

語言

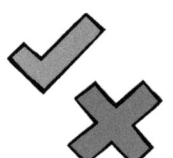

ναι / όχι

是/否

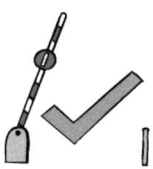

εντάξει

好的

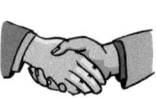

γεια σου

您好

μεταφραστής

翻譯人員

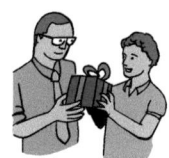

Ευχαριστώ

謝謝

πόσο κάνει ;

......多少錢？

Δε καταλαβαίνω

我不明白

πρόβλημα

問題

Καλησπέρα!

晚上好！

Καλημέρα!

早上好！

Καληνύχτα!

晚安！

Αντίο

再見

κατεύθυνση

方向

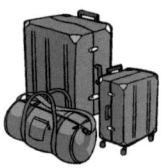

αποσκευές

行李

τσάντα

包

σακίδιο πλάτης

背包

καλεσμένος

客人

δωμάτιο

房間

υπνόσακος

睡袋

σκηνή

帳篷

τουριστικές πληροφορίες

旅行資訊

παραλία

海灘

πιστωτική κάρτα

信用卡

πρωινό

早餐

μεσημεριανό

午餐

δείπνο

晚餐

εισιτήριο

票

ανελκυστήρας

電梯

γραμματόσημο

郵票

σύνορα

邊界

τελωνείο

海關

πρεσβεία

大使館

βίζα

簽證

διαβατήριο

護照

μεταφορά
交通運送

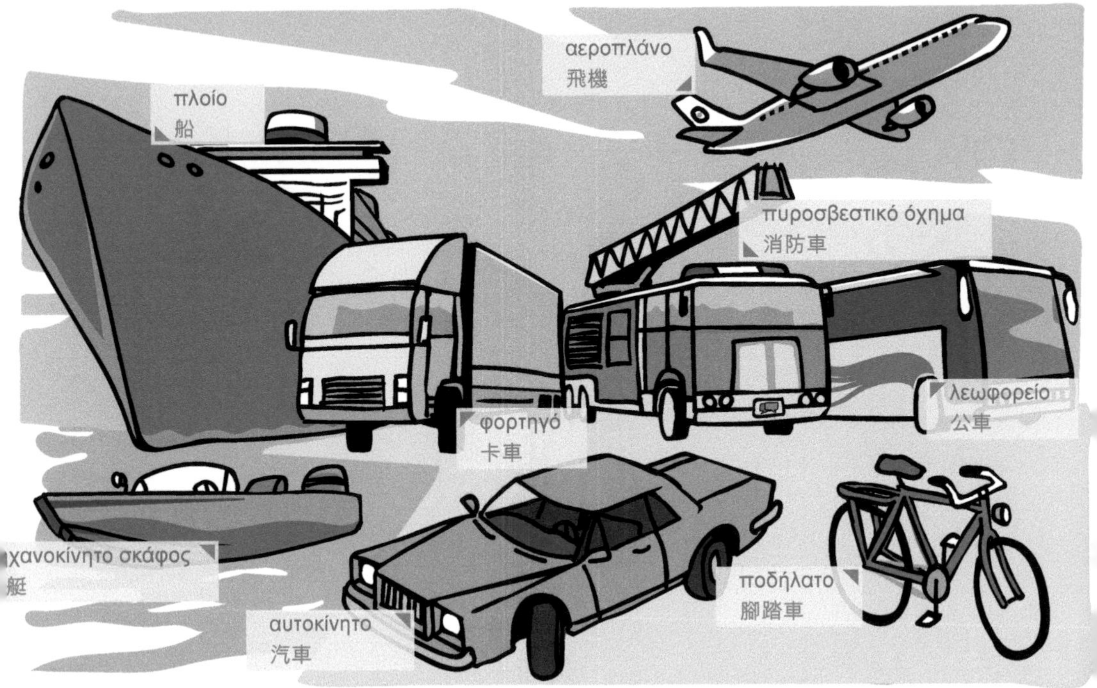
αεροπλάνο
飛機
πλοίο
船
πυροσβεστικό όχημα
消防車
λεωφορείο
公車
φορτηγό
卡車
χανοκίνητο σκάφος
艇
ποδήλατο
腳踏車
αυτοκίνητο
汽車

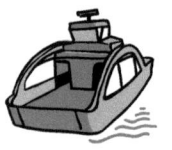

φεριμπότ

渡輪

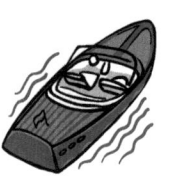

βάρκα

小船

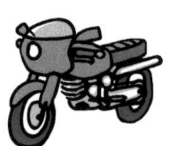

μοτοσικλέτα

機車

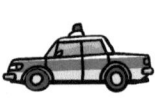

περιπολικό

警車

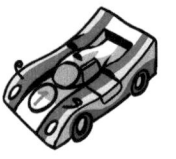

αγωνιστικό αυτοκίνητο

賽車

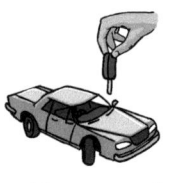

ενοικιαζόμενο αυτοκίνητο

租車

διαμοιρασμός αυτοκινήτων

拼車

γερανός

拖車

απορριμματοφόρο

垃圾車

κινητήρας

馬達

καύσιμο

汽油

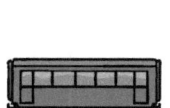

βενζινάδικο

加油站

πινακίδα σήμανσης

交通標識

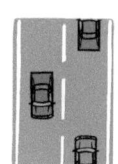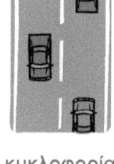

κυκλοφορία

交通

κυκλοφοριακή συμφόρηση

交通堵塞

χώρος στάθμευσης

停車場

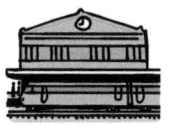

σιδηροδρομικός σταθμός

火車站

σιδηροδρομικές γραμμές

軌道

τρένο

火車

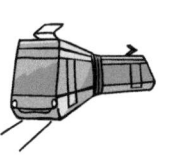

τραμ

路面電車

βαγόνι

客車廂

ελικόπτερο

直升機

αεροδρόμιο

機場

πύργος

塔

επιβάτης

乘客

εμπορευματοκιβώτιο

集裝箱

χαρτοκιβώτιο

紙板箱

καρότσι

手推車

καλάθι

籃子

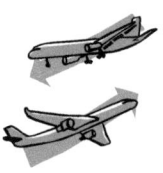

απογειώνομαι /
προσγειόνομαι

起飛/降落

πόλη
城市

χωριό

村莊

κέντρο της πόλης

市中心

σπίτι

房子

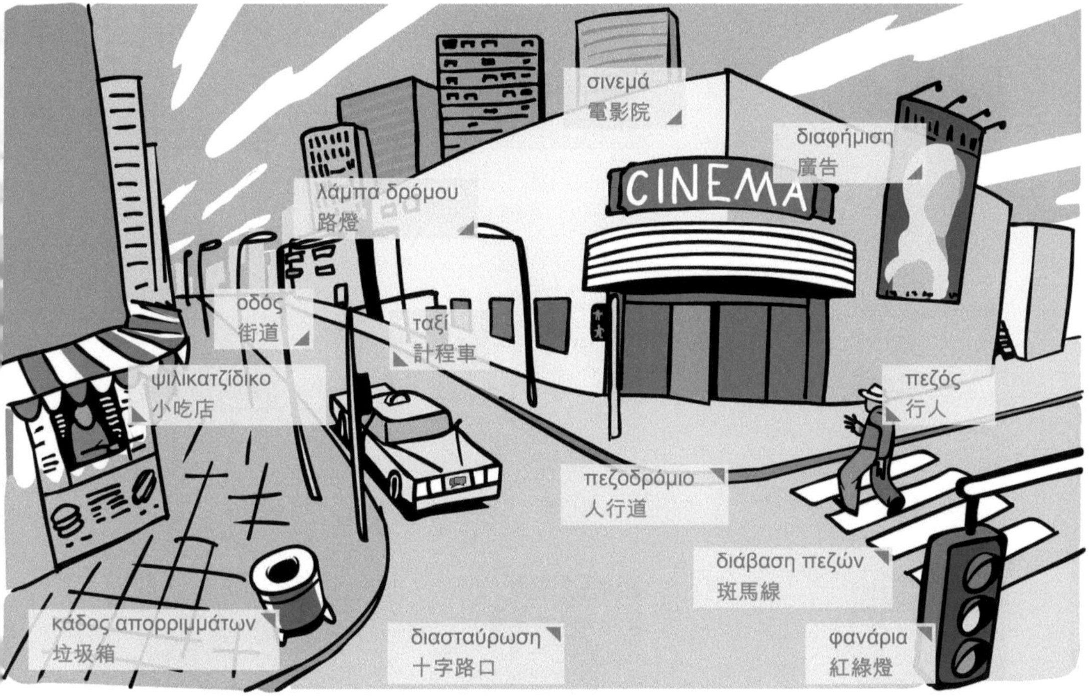

σινεμά
電影院
διαφήμιση
廣告
λάμπα δρόμου
路燈
CINEMA
οδός
街道
ταξί
計程車
ψιλικατζίδικο
小吃店
πεζός
行人
πεζοδρόμιο
人行道
διάβαση πεζών
斑馬線
κάδος απορριμμάτων
垃圾箱
διασταύρωση
十字路口
φανάρια
紅綠燈

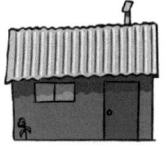

καλύβα

小屋

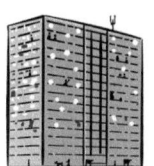

διαμέρισμα

公寓

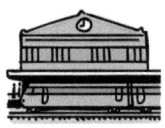

σιδηροδρομικός σταθμός

火車站

δημαρχείο

市政廳

MUSEUM

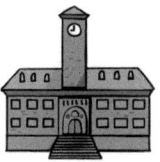

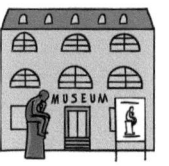

μουσείο

博物館

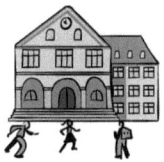

σχολείο

學校

πανεπιστήμιο

大學

τράπεζα

銀行

νοσοκομείο

醫院

ξενοδοχείο

飯店

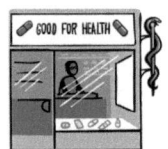

φαρμακείο

藥房

γραφείο

辦公室

βιβλιοπωλείο

書店

κατάστημα

商店

ανθοπωλείο

花店

σούπερ μάρκετ

超市

αγορά

市場

πολυκατάστημα

百貨商店

ιχθυοπωλείο

魚店

εμπορικό κέντρο

購物中心

λιμάνι

海港

πάρκο

公園

παγκάκι

長凳

γέφυρα

橋

σκάλες

樓梯

μετρό

捷運

τούνελ

隧道

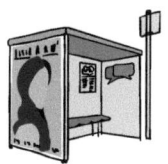

στάση λεωφορείου

公車站

μπαρ

酒吧

εστιατόριο

餐館

γραμματοκιβώτιο

郵筒

πινακίδα δρόμου

路標

παρκόμετρο

停車計時器

ζωολογικός κήπος

動物園

πισίνα

游泳池

τζαμί

清真寺

αγρόκτημα

農場

ρύπανση

污染

νεκροταφείο

墓地

εκκλησία

教堂

παιδική χαρά

操場

ναός

寺廟

τοπίο

地形

φύλλο
樹葉

πινακίδα κατεύθυνσης
指示牌

δρόμος
路

λιβάδι
草地

πέτρα
石頭

δέντρο
樹

πεζοπόρος
徒步旅行者

ποτάμι
河

χορτάρι
草

λουλούδι
花

κοιλάδα

峽谷

λόφος

丘陵

λίμνη

湖

δάσος

森林

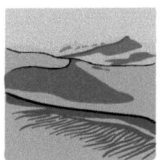

έρημος

沙漠

ηφαίστειο

火山

κάστρο

城堡

ουράνιο τόξο

彩虹

μανιτάρι

蘑菇

φοίνικας

棕櫚樹

κουνούπι

蚊子

μύγα

蒼蠅

μυρμήγκι

螞蟻

μέλισσα

蜜蜂

αράχνη

蜘蛛

σκαθάρι

甲蟲

βάτραχος

青蛙

σκίουρος

松鼠

σκαντζόχοιρος

刺蝟

λαγός

野兔

κουκουβάγια

貓頭鷹

πουλί

鳥

κύκνος

天鵝

αγριογούρουνο

野豬

ελάφι

鹿

άλκη

麋鹿

φράγμα

水壩

ανεμογεννήτρια

風力發電機

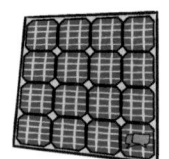

ηλιακός συλλέκτης

太陽能電池板

κλίμα

氣候

τοπίο - 地形

εστιατόριο
餐館

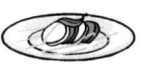

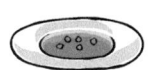

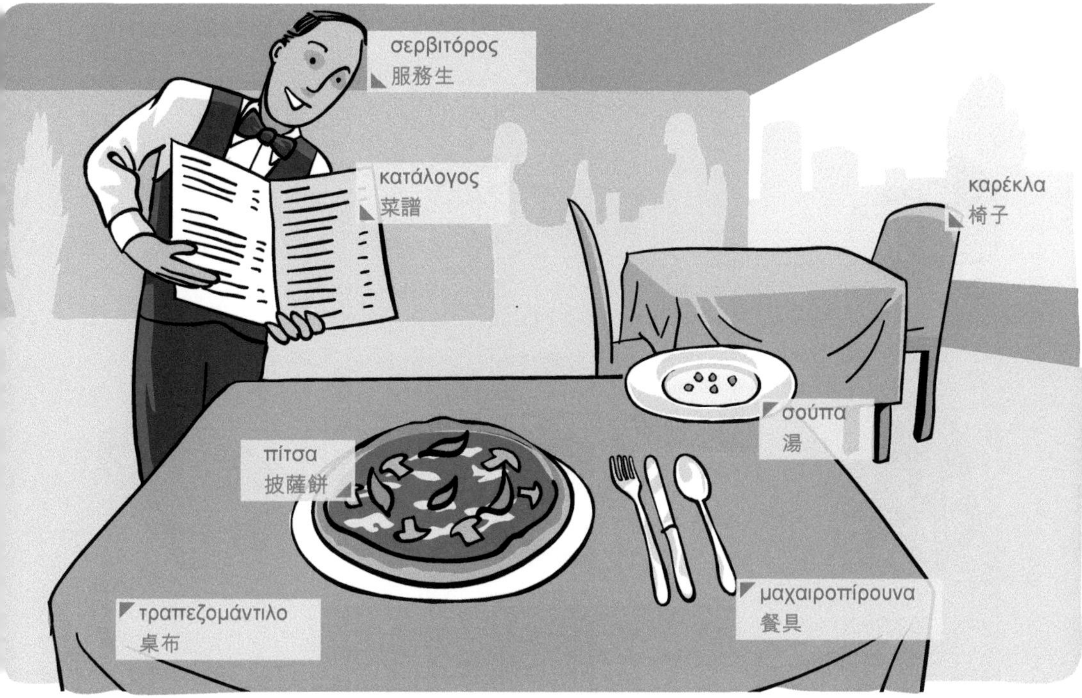

σερβιτόρος
服務生
κατάλογος
菜譜
καρέκλα
椅子
σούπα
湯
πίτσα
披薩餅
μαχαιροπίρουνα
餐具
τραπεζομάντιλο
桌布

ορεκτικό

前菜

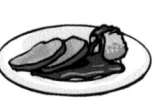

κύριο πιάτο

主菜

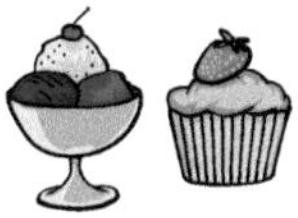

επιδόρπιο

甜點

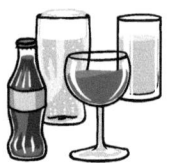

ποτά

飲料

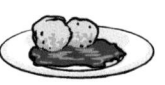

φαγητό

食物

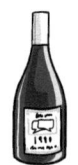

μπουκάλι

瓶子

φαστ φουντ

速食

φαγητό στ' όρθιο

街邊小吃

τσαγιέρα

茶壺

δοχείο ζάχαρης

糖盒

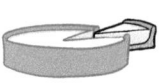

μερίδα

一份飯菜

μηχανή εσπρέσο

義式咖啡機

ψηλή καρέκλα

高腳椅

λογαριασμός

帳單

δίσκος

托盤

μαχαίρι

刀

πιρούνι

餐叉

κουτάλι

勺子

κουταλάκι του τσαγιού

茶匙

πετσέτα φαγητού

餐巾

ποτήρι

玻璃杯

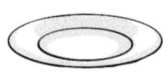

πιάτο

碟子

πιάτο σούπας

湯盤

πιατάκι φλιτζανιού

碟子

σάλτσα

醬

αλατιέρα

鹽瓶

μύλος για πιπέρι

胡椒研磨罐

ξύδι

醋

λάδι

食用油

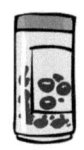

μπαχαρικά

調味料

κέτσαπ

番茄醬

μουστάρδα

芥末

μαγιονέζα

美乃滋

σούπερ μάρκετ

超市

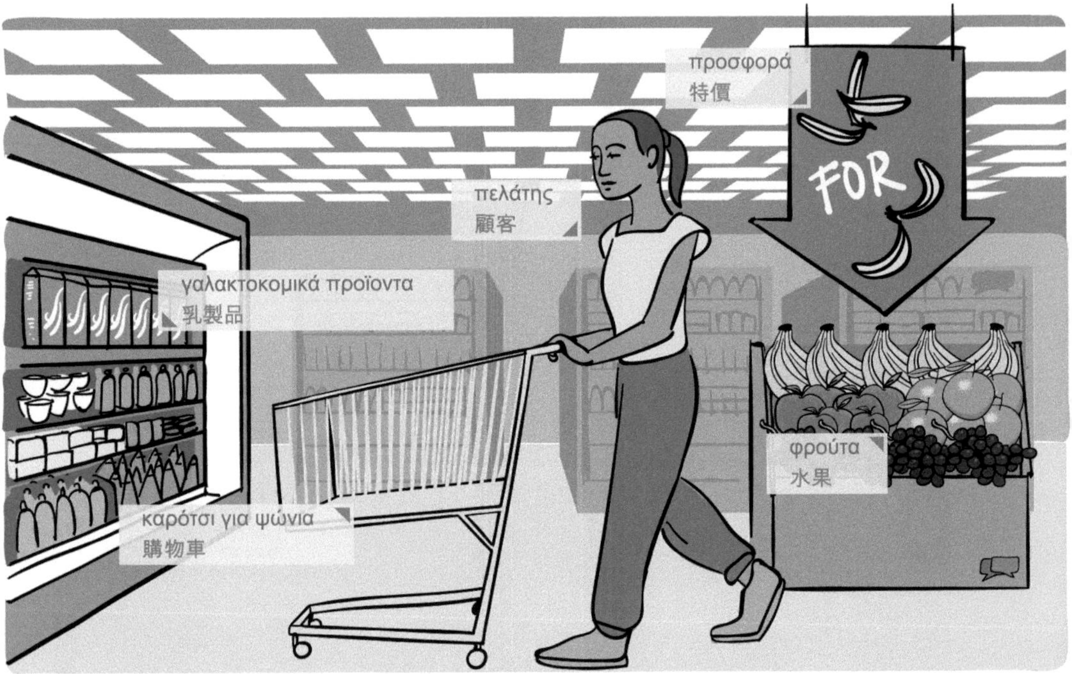

προσφορά
特價
πελάτης
顧客
FOR
γαλακτοκομικά προϊόντα
乳製品
φρούτα
水果
καρότσι για ψώνια
購物車

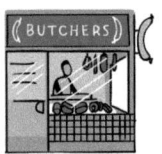

BUTCHERS

κρεοπωλείο

肉鋪

BAKERY

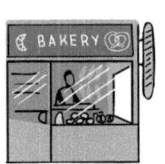

φούρνος

麵包店

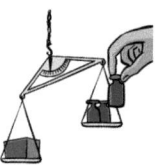

ζυγίζω

稱重

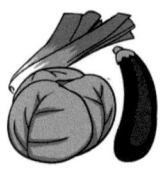

λαχανικά

蔬菜

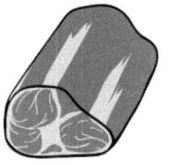

κρέας

肉

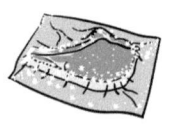

κατεψυγμένα τρόφιμα

冷凍食品

αλλαντικά

冷盤

κονσερβοποιημένη τροφή

罐頭食品

απορρυπαντικό ρούχων

洗衣粉

γλυκά

甜食

οικιακά είδη

日用品

καθαριστικά προϊόντα

清潔用品

πωλήτρια

銷售員

ταμείο

收銀機

ταμίας

收銀員

λίστα για ψώνια

購物清單

ωράριο λειτουργίας

開放時間

πορτοφόλι

錢包

πιστωτική κάρτα

信用卡

τσάντα

袋子

πλαστική σακούλα

塑膠袋

σούπερ μάρκετ - 超市

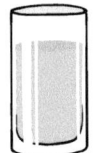

νερό

水

χυμός

果汁

γάλα

牛奶

κόκα κόλα

可樂

κρασί

紅酒

μπίρα

啤酒

αλκοόλ

酒

κακάο

可可

τσάι

茶

καφές

咖啡

εσπρέσο

義式濃縮咖啡

καπουτσίνο

卡布奇諾

μπανάνα

香蕉

μήλο

蘋果

πορτοκάλι

柳丁

πεπόνι

西瓜

λεμόνι

檸檬

καρότο

胡蘿蔔

σκόρδο

大蒜

μπαμπού

竹子

κρεμμύδι

洋蔥

μανιτάρι

蘑菇

ξηροί καρποί

堅果

νουντλς

麵條

μακαρόνια

義大利麵

ρύζι

米飯

σαλάτα

沙拉

πατατάκια

薯條

τηγανητές πατάτες

炸馬鈴薯

πίτσα

披薩餅

χάμπουργκερ

漢堡

σάντουιτς

三明治

κοτολέτα

炸豬排

ζαμπόν

火腿

σαλάμι

義大利臘腸

λουκάνικο

香腸

κοτόπουλο

雞肉

ψητό

烤肉

ψάρι

魚

χυλός βρώμης

燕麥片

μούσλι

木斯里

κορν φλέικς

玉米片

αλεύρι

麵粉

κρουασάν

牛角麵包

ψωμάκι

麵包捲

ψωμί

麵包

τοστ

吐司

μπισκότα

餅乾

βούτυρο

奶油

τυρόπηγμα

凝乳

κέικ

蛋糕

αυγό

蛋

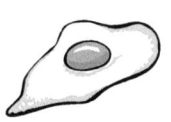

τηγανητό αυγό

煎蛋

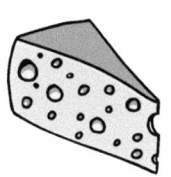

τυρί

起司

παγωτό

冰淇淋

ζάχαρη

糖

μέλι

蜂蜜

μαρμελάδα

果醬

άλλειμμα σοκολάτας

巧克力醬

κάρυ

咖哩

αγρόκτημα
農場

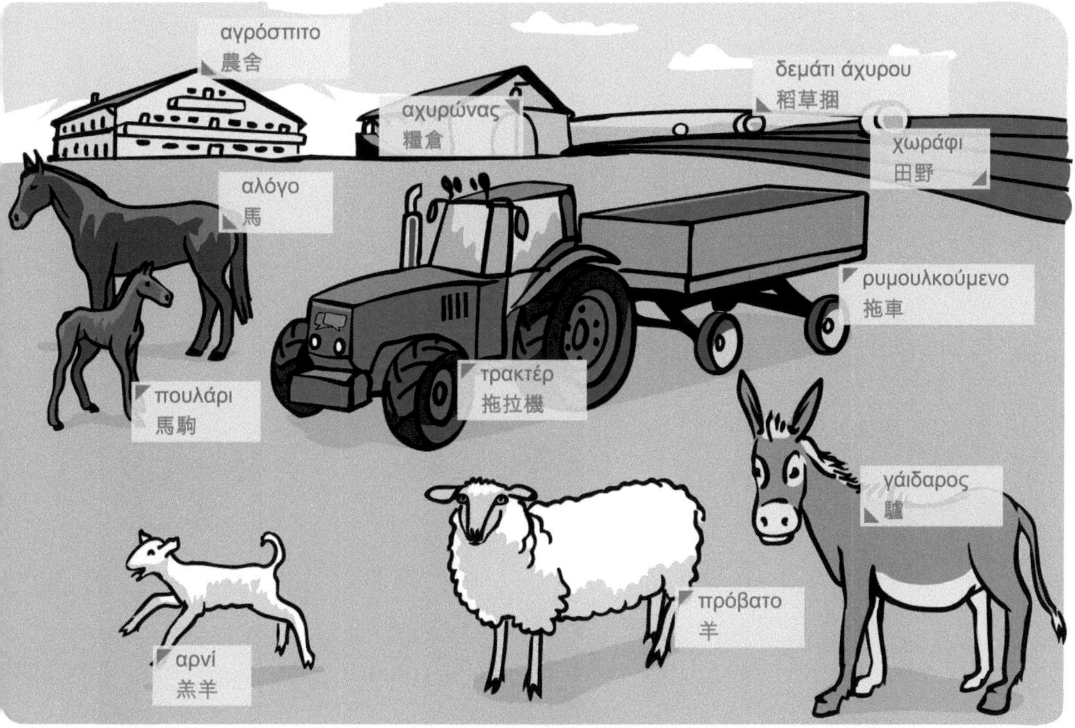
αγρόσπιτο
農舍
δεμάτι άχυρου
稻草捆
αχυρώνας
糧倉
χωράφι
田野
αλόγο
馬
ρυμουλκούμενο
拖車
τρακτέρ
拖拉機
πουλάρι
馬駒
γάιδαρος
驢
πρόβατο
羊
αρνί
羔羊

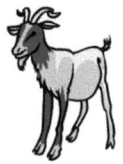

κατσίκα

山羊

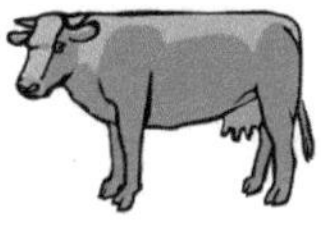

αγελάδα

奶牛

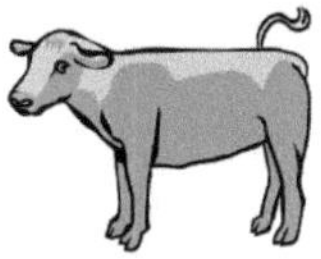

μοσχαράκι

小牛

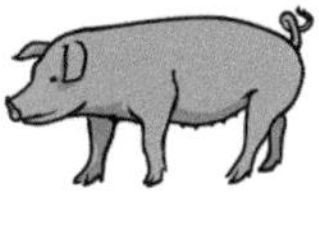

γουρούνι

豬

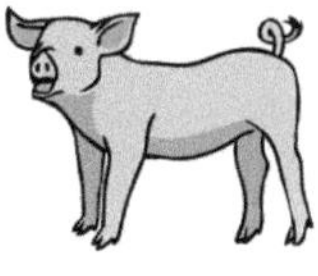

γουρουνάκι

小豬

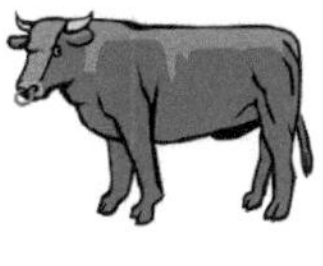

ταύρος

公牛

χήνα

鵝

πάπια

鴨

κοτοπουλάκι

小雞

κότα

母雞

κόκορας

公雞

αρουραίος

鼠

γάτα

貓

ποντίκι

老鼠

βόδι

牛

σκύλος

狗

σπιτάκι σκύλου

狗屋

λάστιχο κήπου

花園澆水軟管

ποτιστήρι

澆水壺

θεριστήρι

長柄大鐮刀

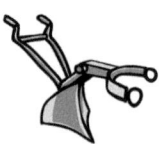

αλέτρι

犁

αγρόκτημα - 農場

δρεπάνι

鐮刀

τσάπα

鋤頭

δίκρανο

長柄草耙

τσεκούρι

斧頭

χειράμαξα

獨輪手推車

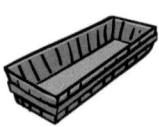

ταΐστρα

飼料槽

δοχείο γάλακτος

牛奶罐

σάκος

麻布袋

φράχτης

柵欄

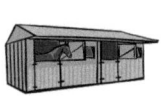

στάβλος

馬廄

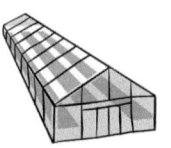

θερμοκήπιο

溫室

έδαφος

土壤

σπόρος

種子

λίπασμα

肥料

θεριζοαλωνιστική μηχανή

聯合收割機

θερίζω

收割

συγκομιδή

收割

γιαμς

地瓜

σιτάρι

小麥

σόγια

大豆

πατάτα

土豆

καλαμπόκι

玉米

κράμβη

油菜籽

οπωροφόρο δέντρο

果樹

μανιόκα

樹薯

δημητριακά

穀物

αγρόκτημα - 農場

σπίτι
房子

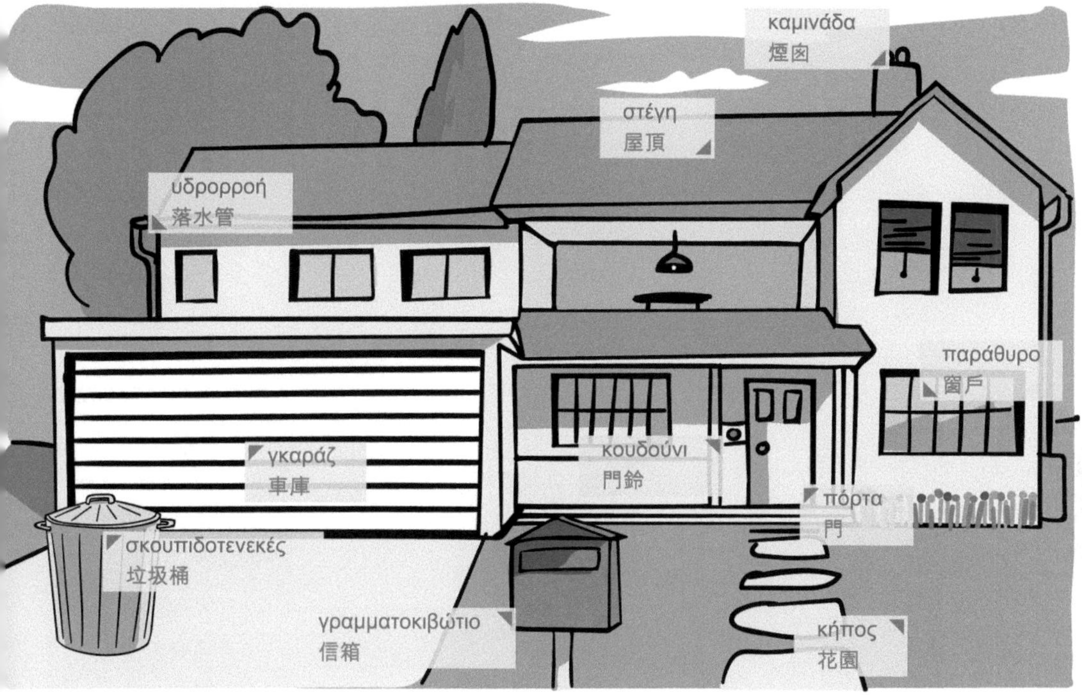

καμινάδα
煙囪
στέγη
屋頂
υδρορροή
落水管
παράθυρο
窗戶
γκαράζ
車庫
κουδούνι
門鈴
πόρτα
門
σκουπιδοτενεκές
垃圾桶
γραμματοκιβώτιο
信箱
κήπος
花園

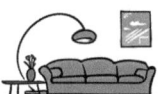

σαλόνι

客廳

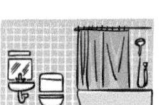

μπάνιο

浴室

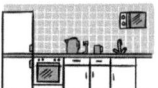

κουζίνα

廚房

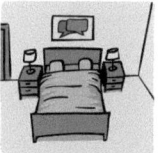

υπνοδωμάτιο

臥室

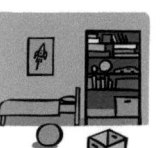

παιδικό δωμάτιο

兒童房

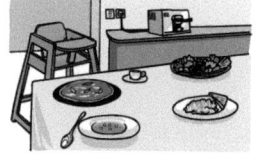

τραπεζαρία

餐廳

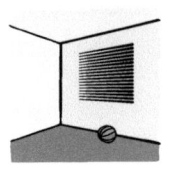

πάτωμα

地板

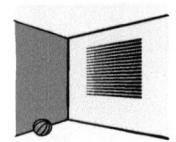

τοίχος

牆壁

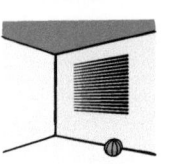

οροφή

天花板

κελάρι

地窖

σάουνα

三溫暖

μπαλκόνι

陽臺

βεράντα

露臺

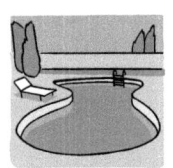

πισίνα

游泳池

μηχανή του γκαζόν

割草機

σεντόνι

被單

κάλυμμα κρεβατιού

床罩

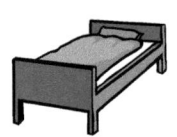

κρεβάτι

床

σκούπα

掃帚

κουβάς

水桶

διακόπτης

開關

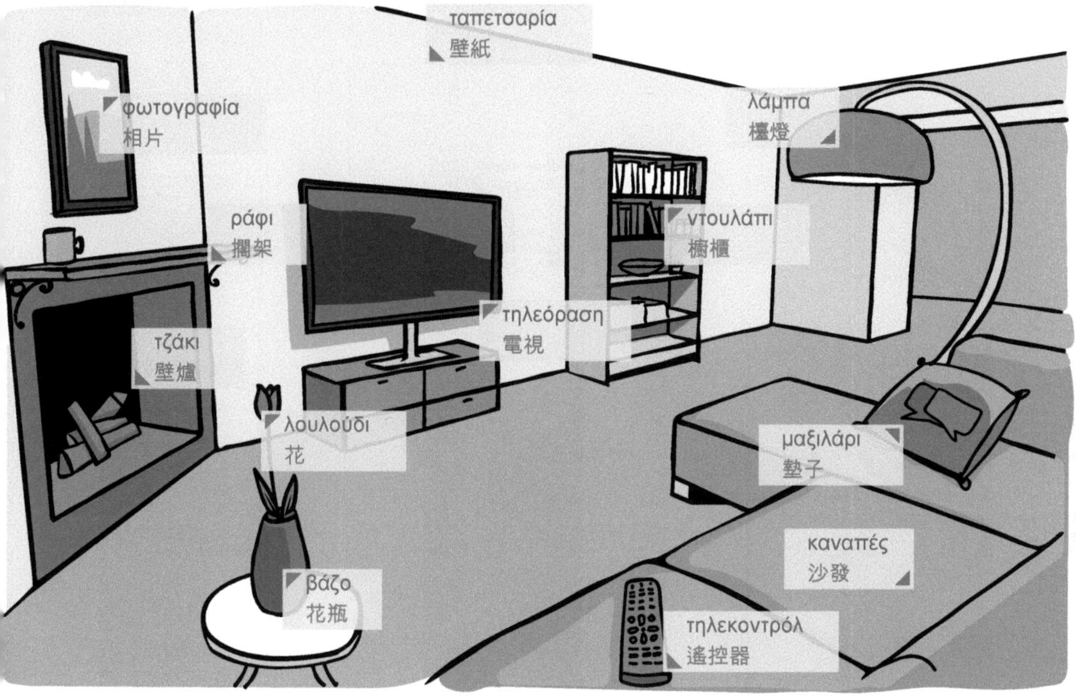

ταπετσαρία
壁紙

φωτογραφία
相片

λάμπα
檯燈

ράφι
擱架

ντουλάπι
櫥櫃

τηλεόραση
電視

τζάκι
壁爐

λουλούδι
花

μαξιλάρι
墊子

καναπές
沙發

βάζο
花瓶

τηλεκοντρόλ
遙控器

χαλί
地毯

κουρτίνα
窗簾

τραπέζι
餐桌

καρέκλα
椅子

κουνιστή πολυθρόνα
搖椅

πολυθρόνα
扶手椅

βιβλίο

書

κουβέρτα

毯子

διακόσμηση

裝飾品

καυσόξυλα

木柴

ταινία

電影

στερεοφωνικό σύστημα

高傳真音響

κλειδί

鑰匙

εφημερίδα

報紙

πίνακας ζωγραφικής

油畫

αφίσα

海報

ραδιόφωνο

收音機

σημειωματάριο

筆記本

ηλεκτρική σκούπα

吸塵器

κάκτος

仙人掌

κερί

蠟燭

κουζίνα
廚房

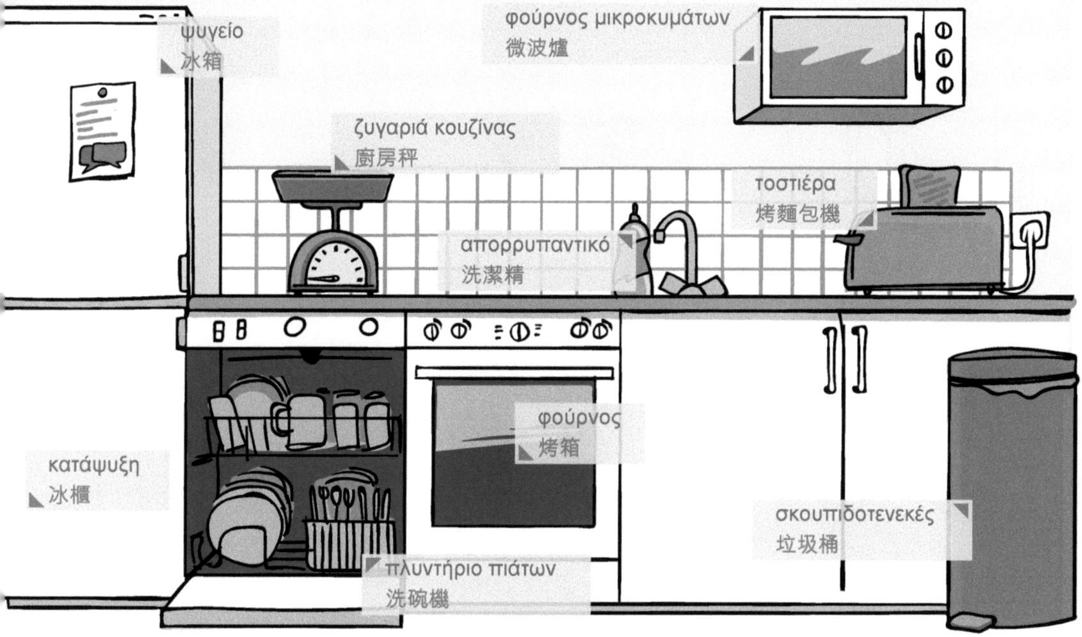
ψυγείο
冰箱
φούρνος μικροκυμάτων
微波爐
ζυγαριά κουζίνας
廚房秤
τοστιέρα
烤麵包機
απορρυπαντικό
洗潔精
φούρνος
烤箱
κατάψυξη
冰櫃
σκουπιδοτενεκές
垃圾桶
πλυντήριο πιάτων
洗碗機

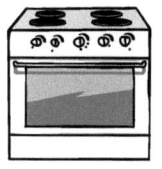

κουζίνα

炊具

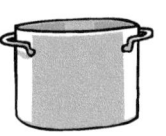

κατσαρόλα

鍋

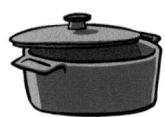

μαντεμένια κατσαρόλα

鑄鐵鍋

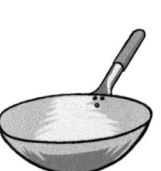

γουόκ/καντάι

炒鍋

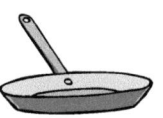

τηγάνι

平底鍋

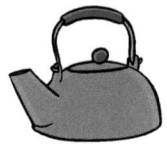

βραστήρας

水壺

ατμομάγειρας

蒸鍋

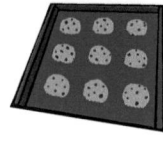

ταψί

烤盤

πιατικά

陶瓷鍋

κούπα

馬克杯

μπολ

碗

ξυλάκια

筷子

κουτάλα

長柄勺

σπάτουλα

鏟子

ανακατεύω

攪拌器

σουρωτήρι

濾網

σουρωτηράκι

篩子

τρίφτης

磨碎機

γουδί

研缽

ψησταριά

燒烤

ανοιχτή φωτιά

明火

σανίδα κοπής

菜板

πλάστης

擀麵杖

ανοιχτήρι φελλών

開瓶器

κονσέρβα

罐子

ανοιχτήρι κονσέρβας

開罐器

γάντι φούρνου

隔熱手套

νεροχύτης

水槽

βούρτσα

刷子

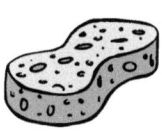

σφουγγάρι

海綿

μπλέντερ

攪拌機

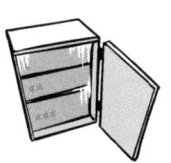

καταψύκτης

冷藏箱

μπιμπερό

奶瓶

βρύση

水龍頭

μπάνιο
浴室

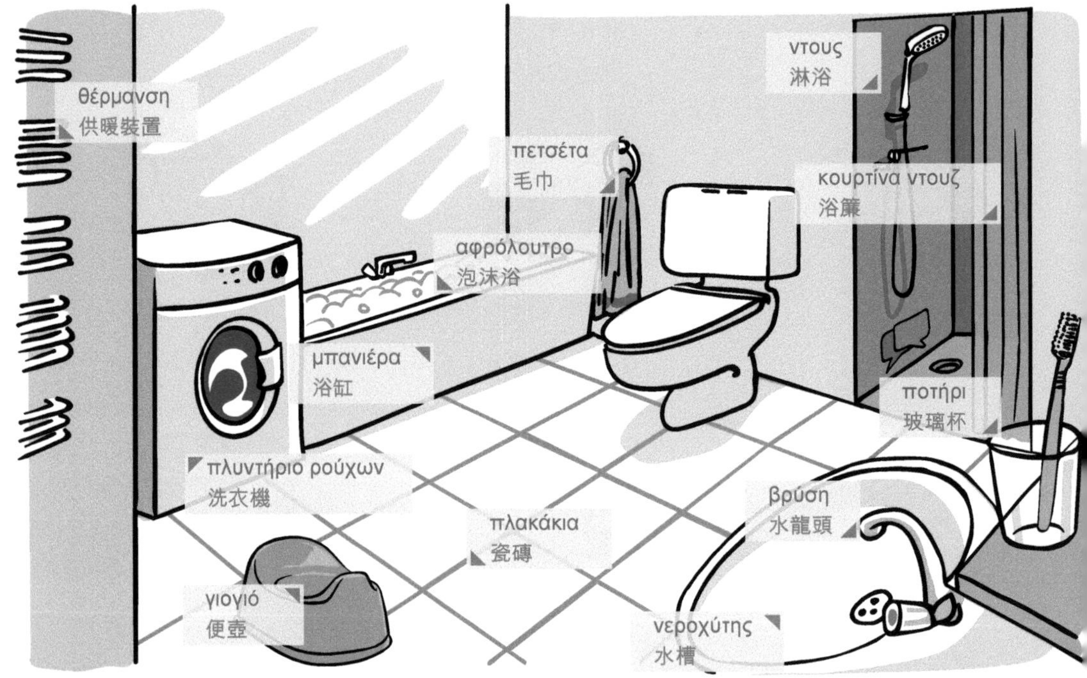

θέρμανση
供暖裝置
πετσέτα
毛巾
ντους
淋浴
κουρτίνα ντουζ
浴簾
αφρόλουτρο
泡沫浴
μπανιέρα
浴缸
ποτήρι
玻璃杯
πλυντήριο ρούχων
洗衣機
βρύση
水龍頭
πλακάκια
瓷磚
γιογιό
便壺
νεροχύτης
水槽

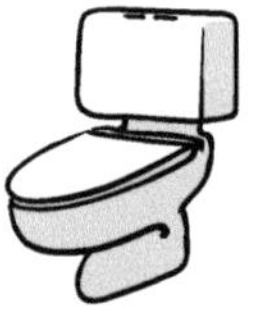

τουαλέτα

廁所

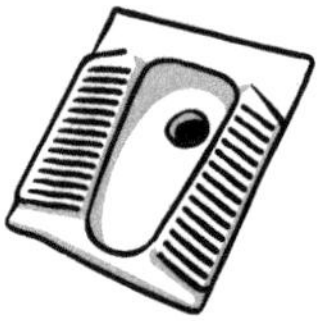

τούρκικη τουαλέτα

蹲便器

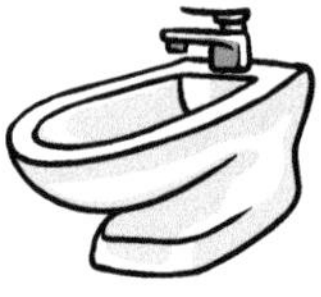

μπιντές

坐浴器

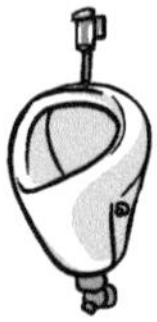

ουρητήριο

小便斗

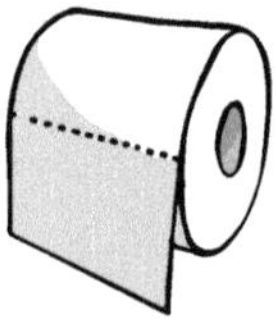

χαρτί υγείας

廁紙

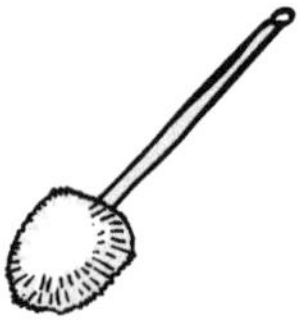

πιγκάλ

馬桶刷

οδοντόβουρτσα

牙刷

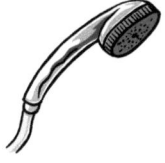

οδοντόκρεμα

牙膏

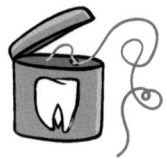

οδοντικό νήμα

牙線

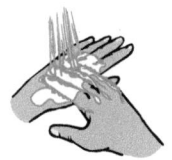

πλένω

洗

τηλέφωνο ντους

手持式蓮蓬頭

ντουσιέρα

沖洗器

λεκάνη

洗臉盆

βούρτσα πλάτης

洗背刷

σαπούνι

肥皂

αφρόλουτρο

沐浴露

σαμπουάν

洗髮乳

φανέλα

法蘭絨

σιφόνι

排水

κρέμα

乳霜

αποσμητικό

除臭劑

καθρέφτης

鏡子

καθρέφτης χειρός

手鏡

ξυραφάκι

刮鬍刀

αφρός ξυρίσματος

刮鬍泡沫

αφτερσέιβ

鬍後水

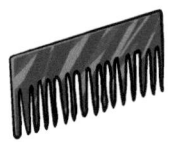

χτένα

梳子

βούρτσα

刷子

σεσουάρ

吹風機

λακ

噴髮定型劑

μακιγιάζ

化妝品

κραγιόν

唇膏

βερνίκι νυχιών

指甲油

βαμβάκι

化妝棉

ψαλίδι νυχιών

指甲剪

άρωμα

香水

νεσεσέρ

洗漱包

σκαμπό

凳子

ζυγαριά

計重秤

μπουρνούζι

浴袍

ελαστικά γάντια

橡膠手套

ταμπόν

衛生棉條

πετσέτα υγιεινής

衛生棉

χημική τουαλέτα

化學廁所

παιδικό δωμάτιο

兒童房

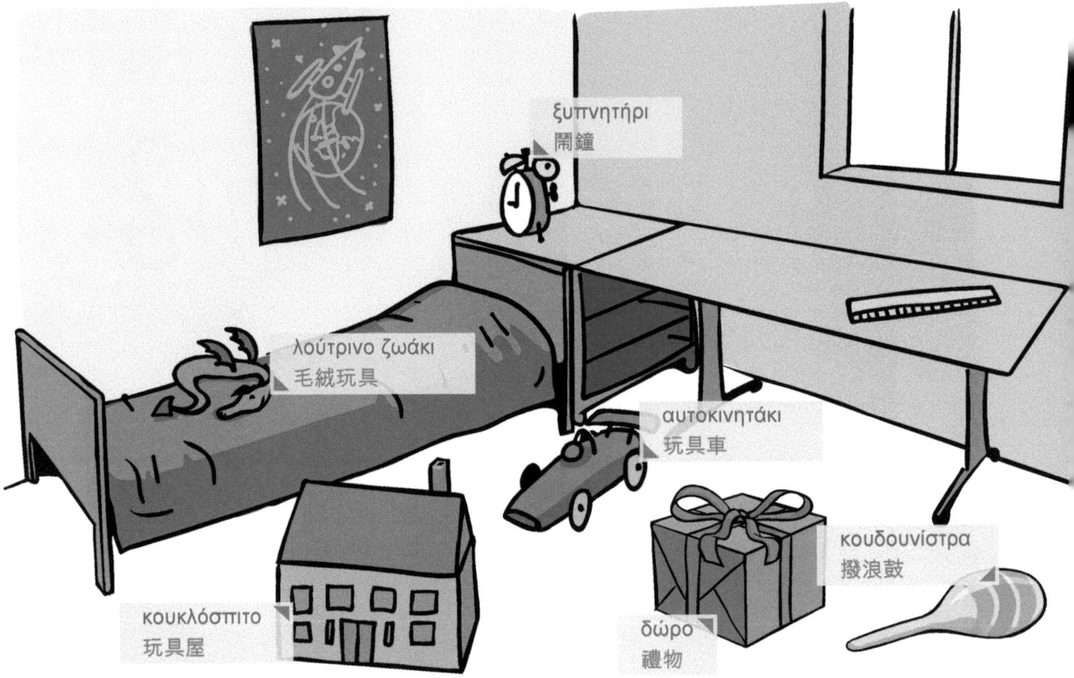
ξυπνητήρι
鬧鐘
λούτρινο ζωάκι
毛絨玩具
αυτοκινητάκι
玩具車
κουδουνίστρα
撥浪鼓
κουκλόσπιτο
玩具屋
δώρο
禮物

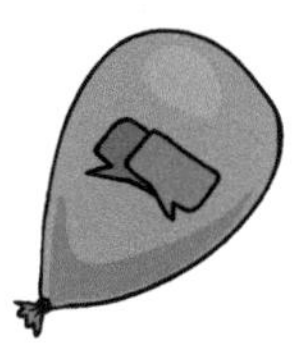

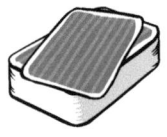

μπαλόνι

氣球

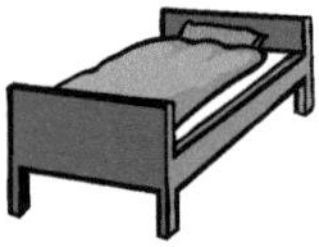

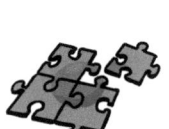

κρεβάτι

床

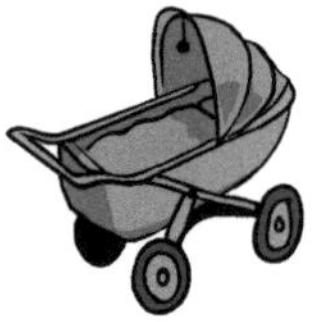

καροτσάκι

嬰兒車

τράπουλα

撲克牌

παζλ

拼圖

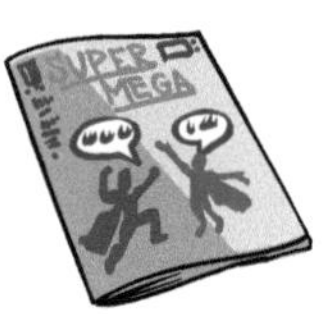

κόμικς

漫畫

τουβλάκια lego

樂高積木

τουβλάκια κατασκευών

積木玩具

φιγούρα δράσης

公仔

βρεφικό φορμάκι

嬰兒服

φρίσμπι

飛盤

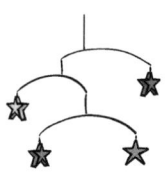

μόμπιλο

床鈴玩具

επιτραπέζιο παιχνίδι

棋盤遊戲

ζάρια

骰子

σετ τρενάκι

火車模型

πιπίλα

安撫奶嘴

πάρτι

派對

εικονογραφημένο βιβλίο

繪本

μπάλα

球

κούκλα

洋娃娃

παίζω

玩

σκάμμα με άμμο

沙坑

κούνια

鞦韆

παιχνίδια

玩具

κονσόλα βιντεοπαιχνιδιών

電玩遊戲

τρίκυκλο

三輪車

αρκουδάκι

泰迪熊

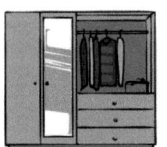

ντουλάπα

衣櫃

ρούχα

衣服

κάλτσες

襪子

καλτσοδέτες

長襪

καλσόν

緊身褲

κασκόλ
圍巾

ομπρέλα
雨傘

ζώνη
皮帶

μπλουζάκι
T恤

μπότες
靴子

παντόφλες
拖鞋

αθλητικά παπούτσια
運動鞋

σανδάλια
涼鞋

παπούτσια
鞋

γαλότσες
雨靴

εσώρουχο
內褲

σουτιέν
胸罩

φανέλα
背心

ρούχα - 衣服

σώμα

身體

παντελόνι

褲子

τζιν παντελόνι

牛仔褲

φούστα

短裙

μπλούζα

女式襯衫

πουκάμισο

襯衫

πουλόβερ

套頭衫

πουλόβερ

連帽上衣

σακάκι

西裝夾克

μπουφάν

夾克

παλτό

外套

αδιάβροχο πανωφόρι

雨衣

κοστούμι

套裝

φόρεμα

連衣裙

νυφικό

婚紗

κοστούμι

西裝

νυχτικό

睡袍

πιτζάμες

睡衣

σάρι

莎麗

μαντήλι

頭巾

τουρμπάνι

包頭巾

μπούρκα

波卡

καφτάνι

卡夫坦

μουσουλμανικό ένδυμα

(阿拉伯式)長袍

ολόσωμο μαγιό

泳衣

ανδρικό μαγιό

男式泳褲

σορτς

短褲

αθλητική φόρμα

運動服

ποδιά

圍裙

γάντια

手套

κουμπί

鈕扣

γυαλιά

眼鏡

βραχιόλι

手鏈

περιδέραιο

項鍊

δαχτυλίδι

戒指

σκουλαρίκι

耳環

καπέλο

便帽

κρεμάστρα

衣架

καπέλο

帽子

γραβάτα

領帶

φερμουάρ

拉鍊

κράνος

安全帽

τιράντες

背帶

μαθητική στολή

校服

στολή

制服

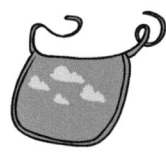

σαλιάρα

圍兜

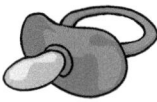

πιπίλα

安撫奶嘴

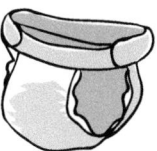

πάνα

尿布

γραφείο

辦公室

σέρβερ
伺服器
αρχειοθήκη
檔案櫃
εκτυπωτής
印表機
χαρτί
紙
οθόνη
螢幕
γραφείο
辦公桌
ποντίκι
滑鼠
ντοσιέ
資料夾
πληκτρολόγιο
鍵盤
καλάθι αχρήστων
廢紙簍
υπολογιστής
電腦
καρέκλα
椅子

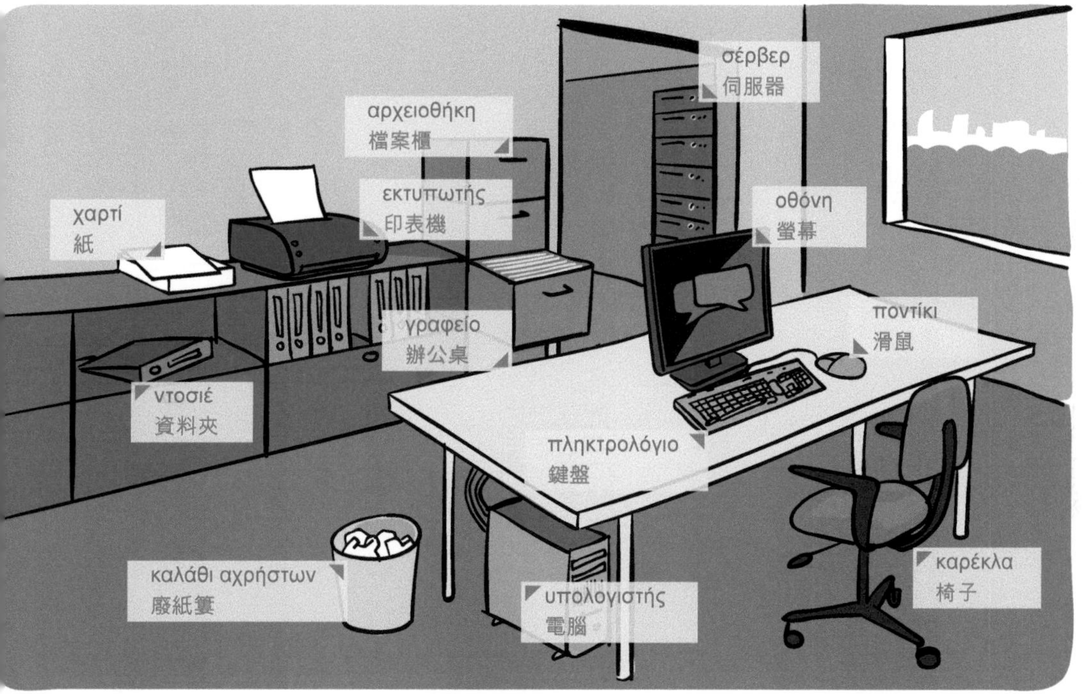

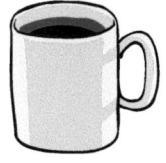

κούπα του καφέ

咖啡杯

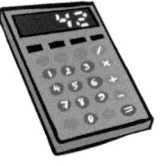

κομπιουτεράκι

計算機

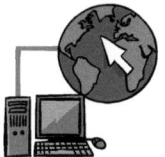

ίντερνετ

網際網路

λάπτοπ

筆記型電腦

γράμμα

信件

μήνυμα

簡訊

κινητό

行動電話

δίκτυο

網路

φωτοτυπικό μηχάνημα

影印機

λογισμικό

軟體

τηλέφωνο

電話

πρίζα

插座

συσκευή φαξ

傳真機

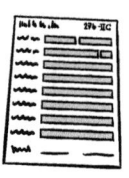

έντυπο

表格

έγγραφο

檔案

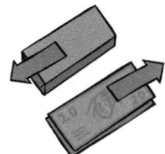

αγοράζω
買

πληρώνω
付錢

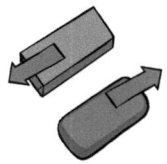

συναλλάσσομαι
交易

χρήματα
現金

δολάριο
美元

ευρώ
歐元

γιεν
日元

ρούβλι
盧布

ελβετικό φράγκο
瑞士法郎

ρενμίνμπι γιουάν
人民幣

ρουπία
盧比

ATM (αυτόματη ταμειακή μηχανή)
提款處

ανταλλακτήρια
συναλλάγματος

外幣兌換處

χρυσός

金

ασήμι

銀

πετρέλαιο

石油

ενέργεια

能源

τιμή

價格

συμβόλαιο

合約

φόρος

稅金

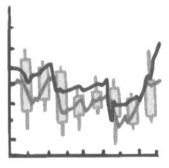

μετοχή

股票

δουλεύω

工作

υπάλληλος

職員

εργοδότης

老闆

εργοστάσιο

工廠

κατάστημα

商店

επαγγέλματα
職業

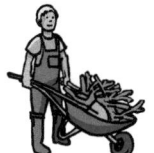

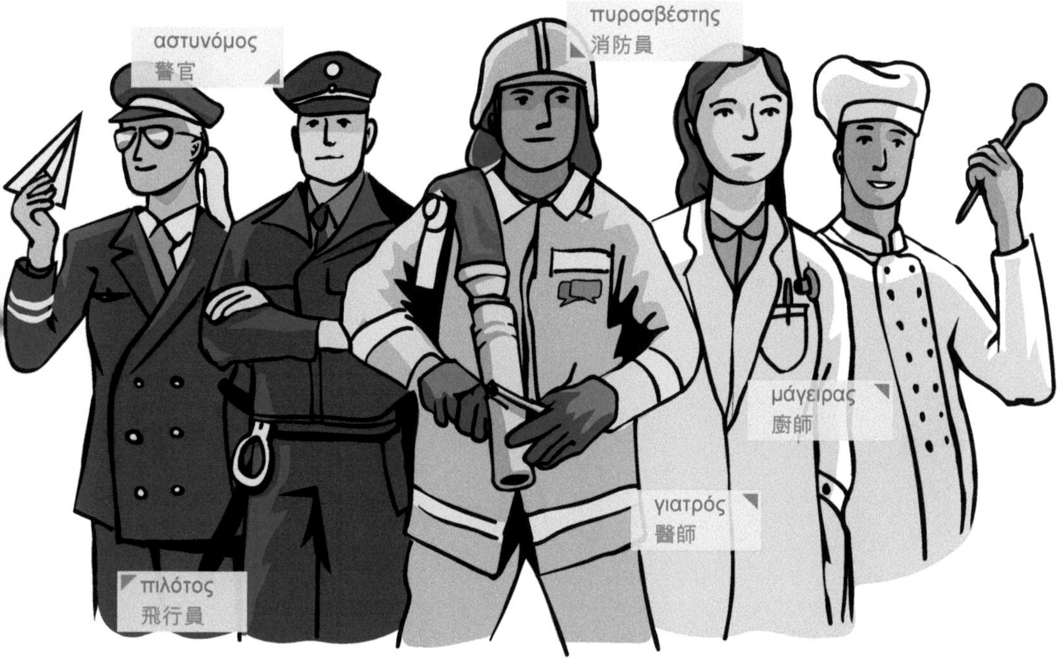

αστυνόμος
警官
πυροσβέστης
消防員
μάγειρας
廚師
γιατρός
醫師
πιλότος
飛行員

κηπουρός

園丁

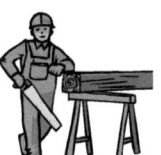

ξυλουργός

木匠

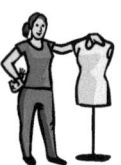

μοδίστρα

裁縫

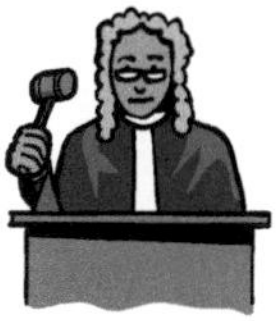

δικαστής

法官

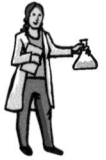

χημικός

化學家

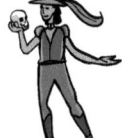

ηθοποιός

演員

οδηγός λεωφορείου

公車司機

ταξιτζής

計程車司機

ψαράς

漁夫

καθαρίστρια

清洗女工

τεχνίτης στεγών

屋頂工

σερβιτόρος

服務生

κυνηγός

獵人

ζωγράφος

畫家

αρτοποιός

麵包師

ηλεκτρολόγος

電工

οικοδόμος

建築工人

μηχανολόγος

工程師

κρεοπώλης

屠夫

υδραυλικός

水管工

ταχυδρόμος

郵差

στρατιώτης

士兵

αρχιτέκτονας

建築師

ταμίας

收銀員

ανθοπώλης

花農

κομμωτής

理髮師

ελεγκτής εισιτηρίων

售票員

μηχανικός

機械技師

καπετάνιος

船長

οδοντίατρος

牙醫

επιστήμονας

科學家

ραβίνος

拉比

ιμάμης

伊瑪目

μοναχός

和尚

ιερέας

牧師

επαγγέλματα - 職業

εργαλεία

工具

πένσα
鉗子
σφυρί
鐵錘
κατσαβίδι
螺絲起子
φακός
手電筒
Γαλλικό κλειδί
扳手

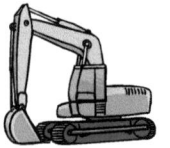

εκσκαφέας

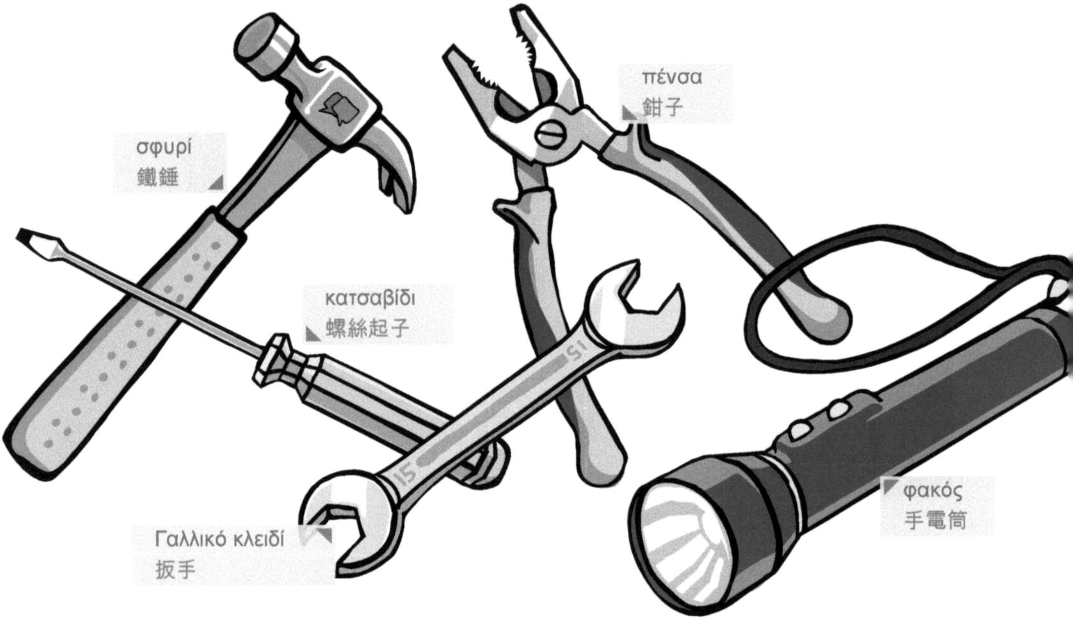

挖掘機

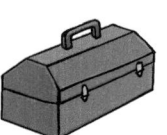

εργαλειοθήκη

工具箱

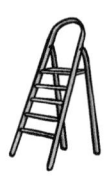

σκάλα

梯子

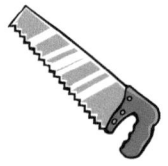

πριόνι

鋸子

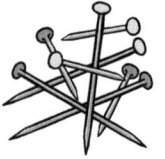

καρφιά

釘子

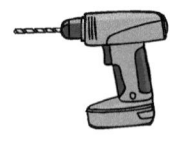

τρυπάνι

鑽機

επισκευάζω

修

φτυάρι

鏟子

Να πάρει!

糟糕！

φαράσι

畚箕

δοχείο χρωμάτων

油漆桶

βίδες

螺絲

μουσικά όργανα
樂器

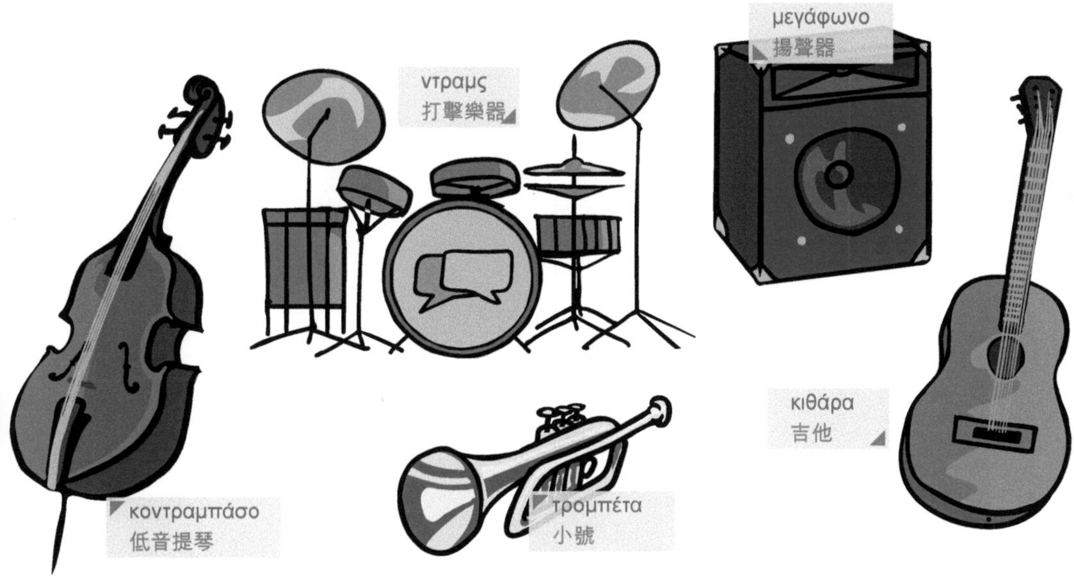

μεγάφωνο
揚聲器

ντραμς
打擊樂器

κοντραμπάσο
低音提琴

τρομπέτα
小號

κιθάρα
吉他

πιάνο

鋼琴

βιολί

小提琴

μπάσο

貝斯

τύμπανα

定音鼓

τύμπανο

鼓

πλήκτρα

電子琴

σαξόφωνο

薩克斯風

φλάουτο

長笛

μικρόφωνο

麥克風

ζωολογικός κήπος

動物園

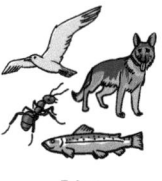

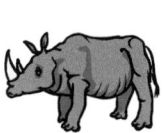

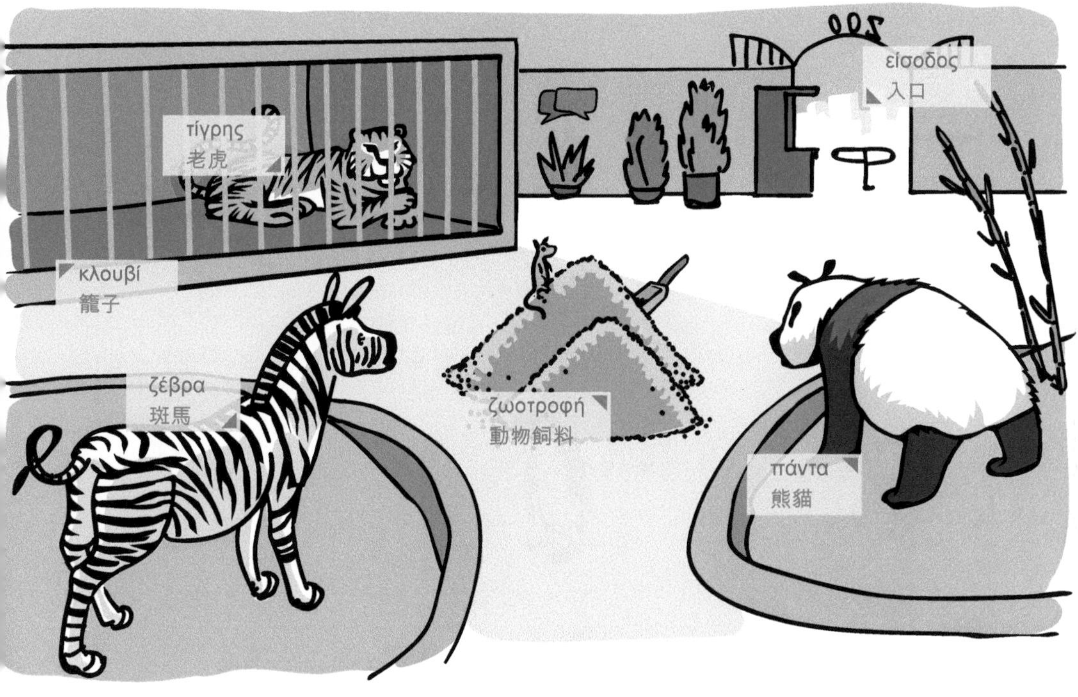

zoo
είσοδος
入口
τίγρης
老虎
κλουβί
籠子
ζέβρα
斑馬
ζωοτροφή
動物飼料
πάντα
熊貓

ζώα

動物

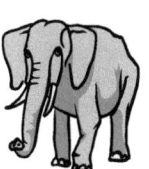

ελέφαντας

大象

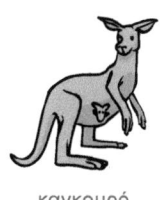

καγκουρό

袋鼠

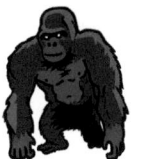

ρινόκερος

犀牛

γορίλας

大猩猩

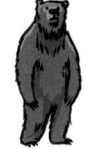

αρκούδα

熊

καμήλα

駱駝

στρουθοκάμηλος

鴕鳥

λιοντάρι

獅子

πίθηκος

猴子

φλαμίνγκο

紅鶴

παπαγάλος

鸚鵡

πολική αρκούδα

北極熊

πιγκουίνος

企鵝

καρχαρίας

鯊魚

παγώνι

孔雀

φίδι

蛇

κροκόδειλος

鱷魚

φύλακας ζωολογικού κήπου

動物園管理員

φώκια

海豹

τζάγκουαρ

美洲豹

πόνυ

矮種馬

λεοπάρδαλη

豹

ιπποπόταμος

河馬

καμηλοπάρδαλη

長頸鹿

αετός

老鷹

αγριογούρουνο

野豬

ψάρι

魚

χελώνα

龜

θαλάσσιος ίππος

海象

αλεπού

狐狸

γαζέλα

羚羊

Αμερικάνικο ποδόσφαιρο
橄欖球

ποδηλασία
騎腳踏車

αντισφαίριση
網球

μπάσκετ
籃球

κολύμβηση
游泳

πυγχαμία
拳擊

χόκεϋ επί πάγου
冰球

ποδόσφαιρο
美式足球

μπάντμιντον
羽毛球

στίβος
田徑

χάντμπολ
手球

σκι
滑雪

πόλο
馬球

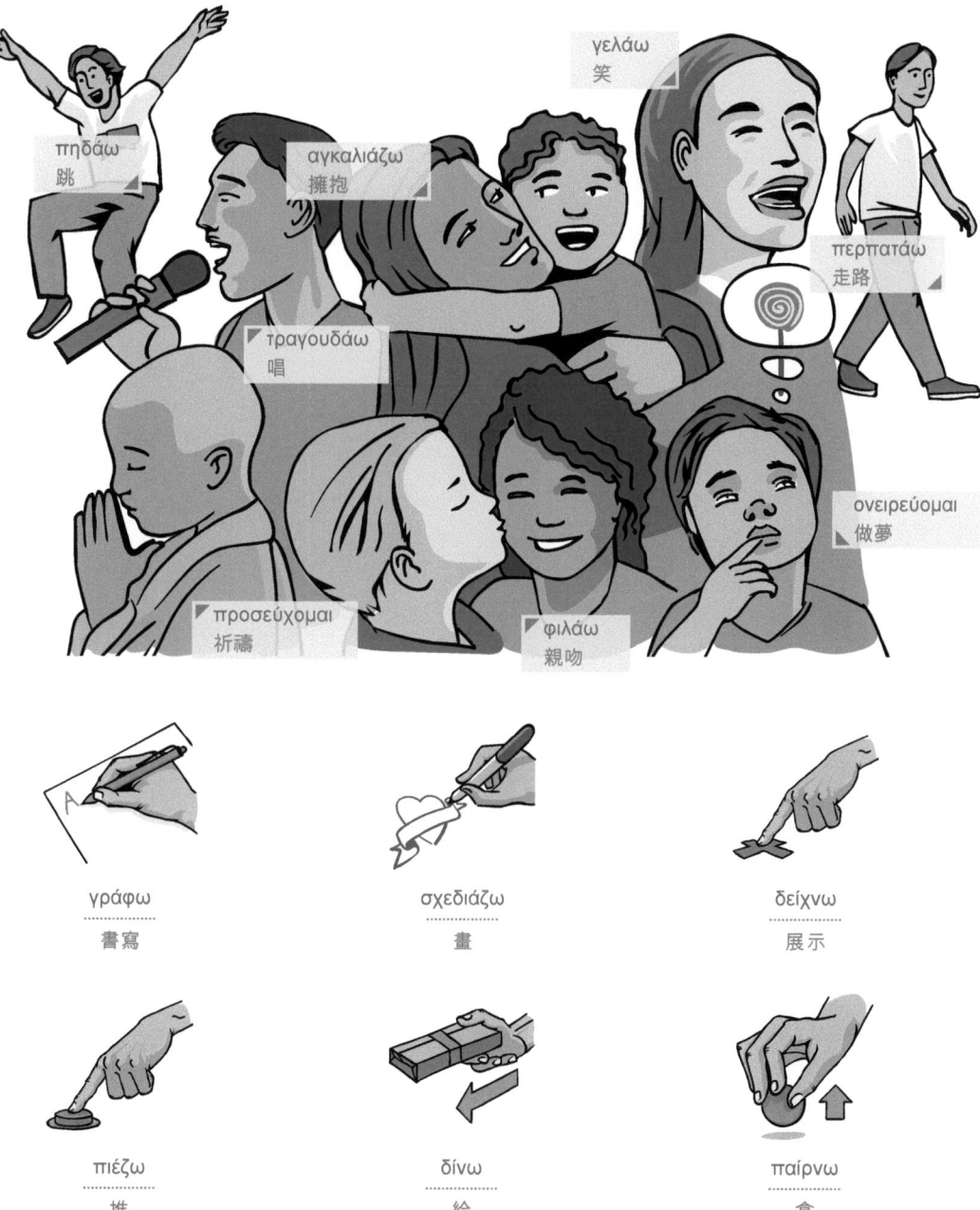

γελάω
笑

πηδάω
跳

αγκαλιάζω
擁抱

περπατάω
走路

τραγουδάω
唱

ονειρεύομαι
做夢

προσεύχομαι
祈禱

φιλάω
親吻

γράφω
書寫

σχεδιάζω
畫

δείχνω
展示

πιέζω
推

δίνω
給

παίρνω
拿

έχω

有

κάνω

做

είμαι

當

στέκομαι

站

τρέχω

跑

τραβάω

拉

ρίχνω

丟

πέφτω

摔倒

ξαπλώνω

躺

περιμένω

等待

κουβαλώ

攜帶

κάθομαι

坐

φοράω

穿衣

κοιμάμαι

睡覺

ξυπνάω

醒來

κοιτάω

看

κλαίω

哭

χαϊδεύω

擊

χτενίζω

梳頭

μιλάω

交談

καταλαβαίνω

明白

ρωτάω

問

ακούω

聽

πίνω

喝

τρώω

吃

συγυρίζω

清理

αγαπάω

愛

μαγειρεύω

做飯

οδηγώ

開車

πετάω

飛

κάνω ιστιοπλοΐα

航行

υπολογίζω

計算

διαβάζω

讀

μαθαίνω

學習

δουλεύω

工作

παντρεύομαι

結婚

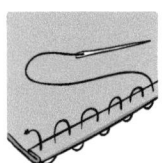

ράβω

縫

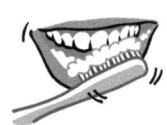

βουρτσίζω τα δόντια

刷牙

σκοτώνω

殺

καπνίζω

抽菸

στέλνω

寄

γιαγιά
祖母

παππούς
祖父

πατέρας
父親

μητέρα
母親

μωρό
嬰兒

κόρη
女兒

γιος
兒子

καλεσμένος

客人

θεία

阿姨

θείος

叔叔

αδελφός

兄弟

αδελφή

姐妹

σώμα

身體

μέτωπο
前額
μάτι
眼睛
ώμος
肩膀
δάχτυλο
手指
πρόσωπο
臉
πιγούνι
下巴
χέρι
手
πόδι
腿
στήθος
乳房
βραχίονας
手臂

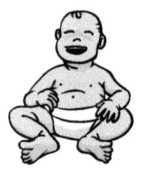

μωρό

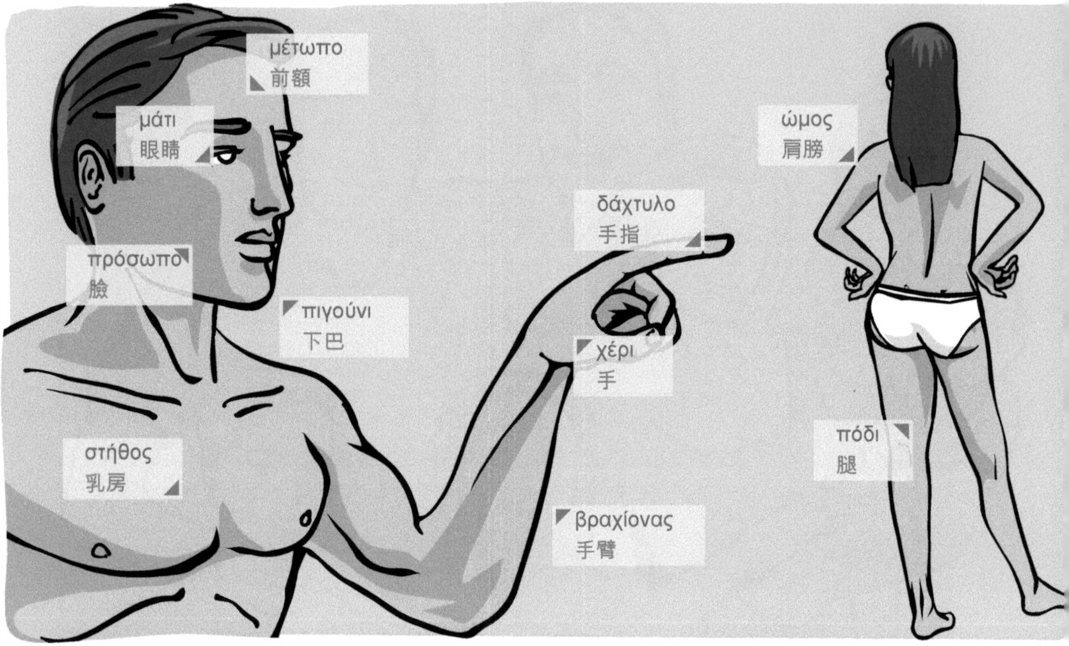

嬰兒

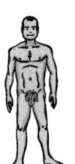

άνδρας

男人

γυναίκα

女人

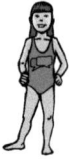

κορίτσι

女孩

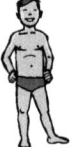

αγόρι

男孩

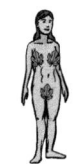

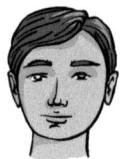

κεφάλι

頭

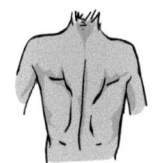

πλάτη

背部

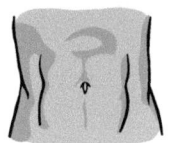

κοιλιά

肚子

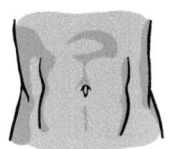

αφαλός

肚臍

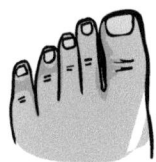

δάχτυλο ποδιού

腳趾

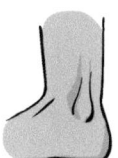

φτέρνα

腳後跟

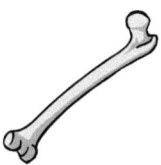

κόκκαλο

骨頭

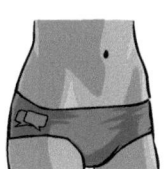

γοφός

臀部

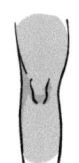

γόνατο

膝蓋

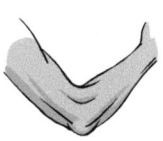

αγκώνας

手肘

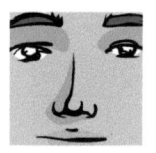

μύτη

鼻子

γλουτός

屁股

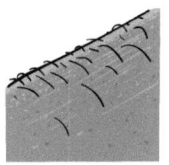

δέρμα

皮膚

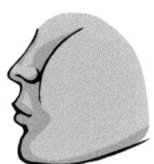

μάγουλο

臉頰

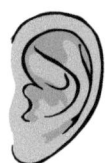

αυτί

耳朵

χείλος

嘴唇

σώμα - 身體

στόμα

嘴

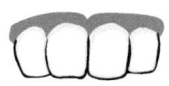

δόντι

牙齒

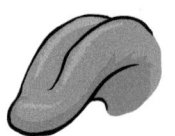

γλώσσα

舌頭

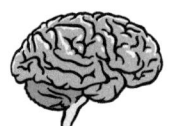

εγκέφαλος

腦

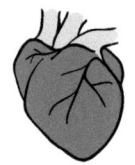

καρδιά

心臟

μυς

肌肉

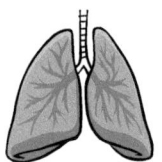

πνεύμονας

肺

συκώτι

肝臟

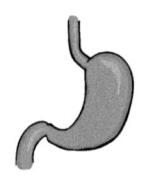

στομάχι

胃

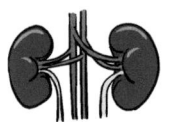

νεφρά

腎臟

σεξουαλική επαφή

性交

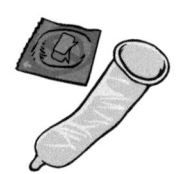

προφυλακτικό

保險套

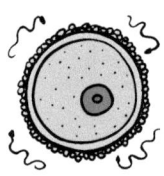

ωάριο

卵子

σπέρμα

精子

εγκυμοσύνη

懷孕

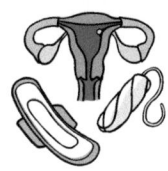

περίοδος

月事

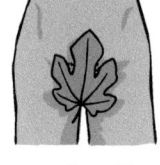

γυναικείος κόλπος

陰道

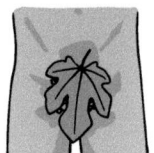

πέος

陰莖

φρύδι

眉毛

μαλλιά

頭髮

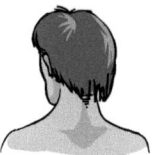

λαιμός

脖子

νοσοκομείο
醫院

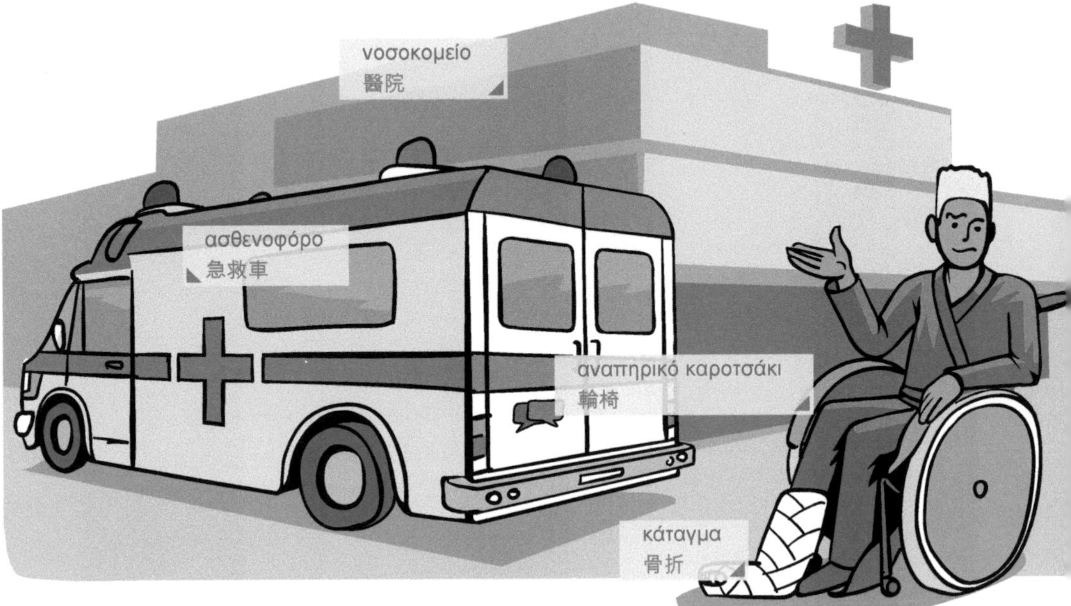

νοσοκομείο
醫院
ασθενοφόρο
急救車
αναπηρικό καροτσάκι
輪椅
κάταγμα
骨折

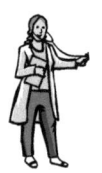

γιατρός

醫師

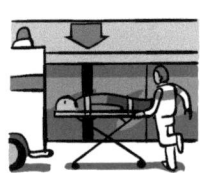

μονάδα εντατικής θεραπείας

急診室

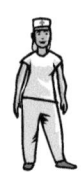

νοσοκόμα

護理師

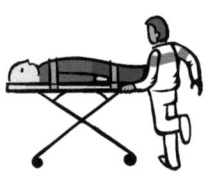

έκτακτη ανάγκη

緊急情形

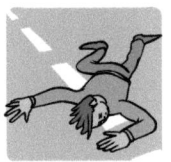

λιπόθυμος

昏迷

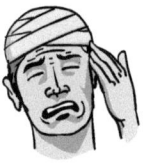

πόνος

痛

τραύμα

受傷

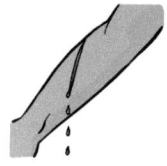

αιμορραγία

出血

έμφραγμα

心臟病發作

εγκεφαλικό

中風

αλλεργία

過敏

βήχας

咳嗽

πυρετός

發燒

γρίπη

流感

διάρροια

腹瀉

πονοκέφαλος

頭痛

καρκίνος

癌症

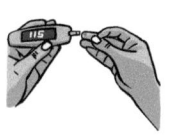

διαβήτης

糖尿病

χειρουργός

外科醫師

νυστέρι

手術刀

εγχείρηση

手術

αξονική τομογραφία

電腦斷層掃描

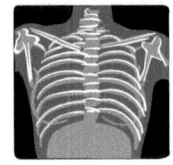

ακτινογραφία

X光

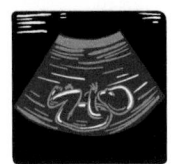

υπέρηχος

超音波

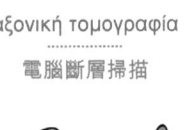

μάσκα

口罩

ασθένεια

疾病

αίθουσα αναμονής

候診室

πατερίτσα

拐杖

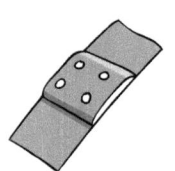

χάνσαπλαστ

石膏

επίδεσμος

繃帶

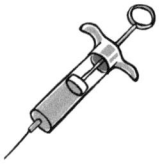

ένεση

注射

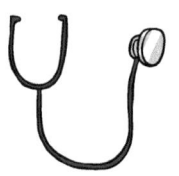

στηθοσκόπιο

聽診器

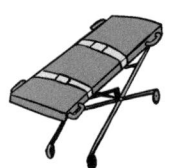

φορείο

擔架

θερμόμετρο

體溫計

γέννηση

出生

υπέρβαρο

超重

ακουστικό βαρηκοΐας

助聽器

αντισηπτικό

消毒液

λοίμωξη

感染

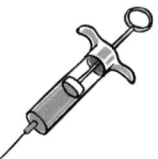

ιός

病毒

HIV/AIDS

愛滋病

φάρμακο

藥物

εμβολιασμός

接種疫苗

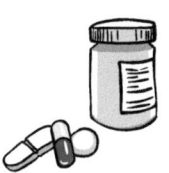

δισκία

藥片

χάπι

藥丸

κλήση έκτακτης ανάγκης

急救電話

πιεσόμετρο αίματος

血壓計

άρρωστος / υγιής

生病/健康

συναγερμός

警報

βιαιοπραγία

突擊

Βοήθεια!

救命！

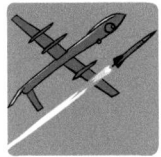

επίθεση

攻擊

κίνδυνος

危險

έξοδος κινδύνου

緊急出口

πυροσβεστήρας

滅火器

ατύχημα

意外

Φωτιά!

失火了！

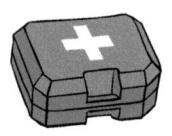

κουτί πρώτων βοηθειών

急救箱

SOS

呼救訊號

αστυνομία

員警

Ευρώπη

歐洲

Βόρεια Αμερική

北美洲

Νότια Αμερική

南美洲

Αφρική

非洲

Ασία

亞洲

Αυστραλία

澳洲

Ατλαντικός Ωκεανός

大西洋

Ειρηνικός Ωκεανός

太平洋

Ινδικός Ωκεανός

印度洋

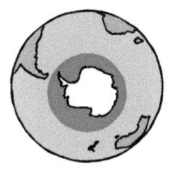

Ανταρκτικός Ωκεανός

南冰洋

Αρκτικός Ωκεανός

北冰洋

Βόρειος Πόλος

北極

Νότιος Πόλος

南極

Ανταρκτική

南極洲

Γη

地球

γη

陸地

θάλασσα

海

νησί

島

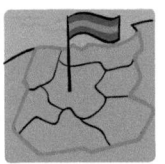

έθνος

國家

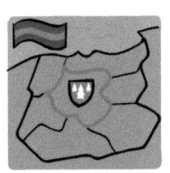

πολιτεία

州

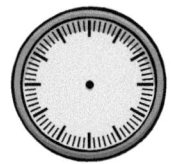

καντράν ρολογιού

錶盤

ωροδείκτης

時針

λεπτοδείκτης

分針

δείκτης δευτερολέπτων

秒針

Τι ώρα είναι;

現在幾點？

ημέρα

天

χρόνος

時間

τώρα

現在

ψηφιακό ρολόι

電子錶

λεπτό

分

ώρα

時

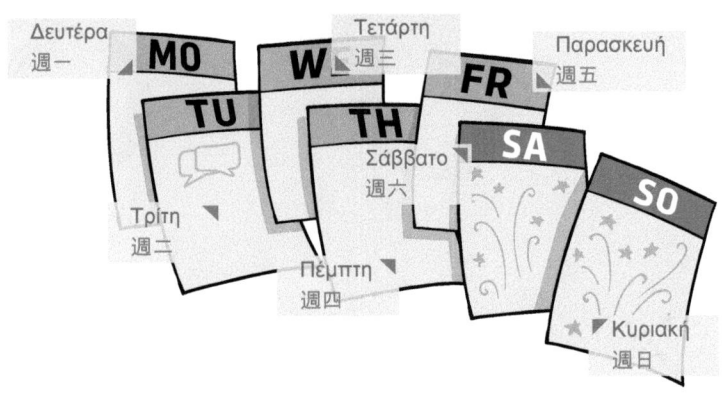

Δευτέρα 週一
Τετάρτη 週三
Παρασκευή 週五
Τρίτη 週二
Σάββατο 週六
Πέμπτη 週四
Κυριακή 週日

χθες

昨天

σήμερα

今天

αύριο

明天

πρωί

早晨

μεσημέρι

中午

βράδυ

晚上

εργάσιμες ημέρες

工作日

Σαββατοκύριακο

週末

έτος
年

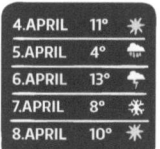

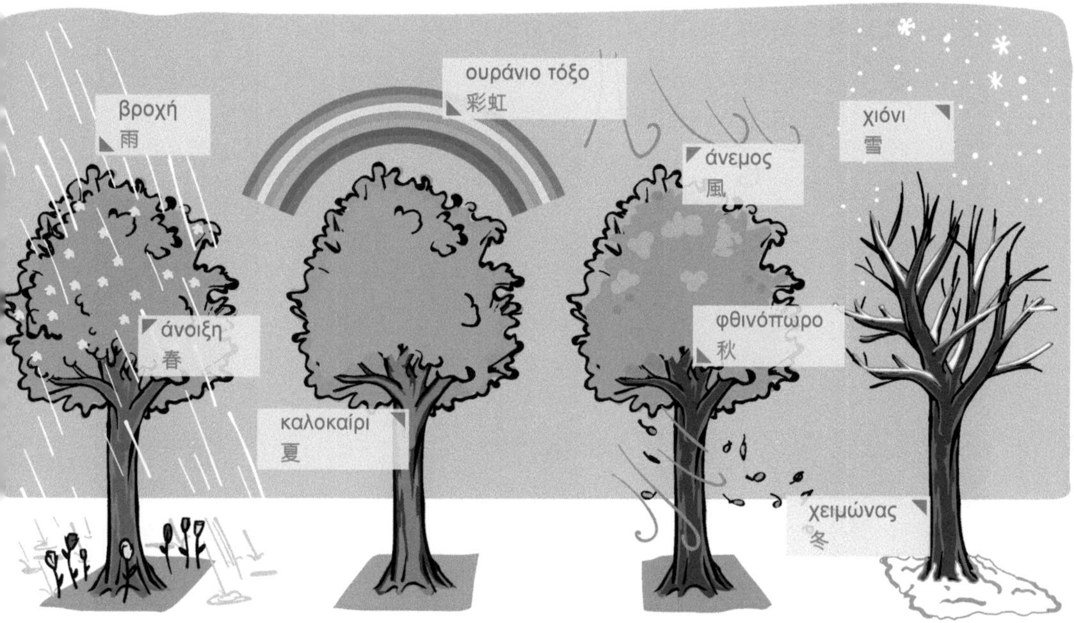

ουράνιο τόξο
彩虹
βροχή
雨
χιόνι
雪
άνεμος
風
άνοιξη
春
φθινόπωρο
秋
καλοκαίρι
夏
χειμώνας
冬

4.APRIL 11°
5.APRIL 4°
6.APRIL 13°
7.APRIL 8°
8.APRIL 10°

πρόγνωση καιρού

天氣預告

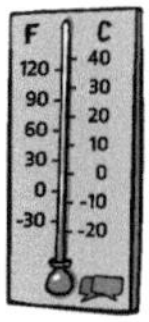

F
C
120
90
60
30
0
-30
40
30
20
10
0
-10
-20

θερμόμετρο

溫度計

λιακάδα

陽光

σύννεφο

雲

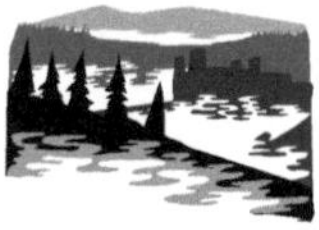

ομίχλη

霧

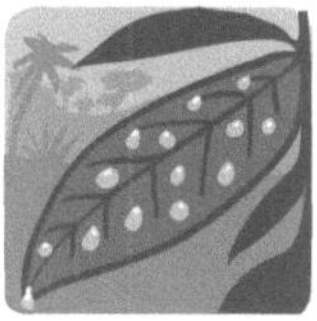

υγρασία

潮濕

αστραπή

閃電

κεραυνός

打雷

καταιγίδα

風暴

χαλάζι

冰雹

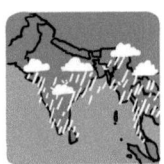

μουσώνας

季風

πλημμύρα

洪水

πάγος

冰

Ιανουάριος

一月

Φεβρουάριος

二月

Μάρτιος

三月

Απρίλιος

四月

Μάιος

五月

Ιούνιος

六月

Ιούλιος

七月

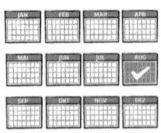

Αύγουστος

八月

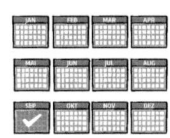

Σεπτέμβριος
....
九月

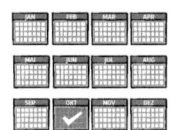

Οκτώβριος
....
十月

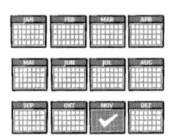

Νοέμβριος
....
十一月

Δεκέμβριος
....
十二月

σχήματα
形狀

κύκλος
....
圓形

τετράγωνο
....
正方形

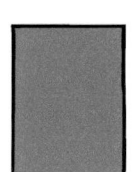

ορθογώνιο
παραλληλόγραμμο
長方形

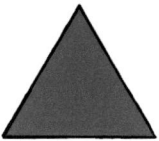

τρίγωνο
....
三角形

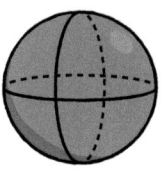

σφαίρα
....
球體

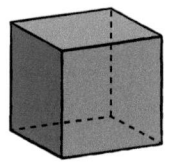

κύβος
....
立方體

άσπρο

白

κίτρινο

黃

πορτοκαλί

橙

ροζ

粉

κόκκινο

紅

μωβ

紫

μπλε

藍

πράσινο

綠

καφέ

棕

γκρι

灰

μαύρο

黑

πολύ / λίγο

很多/少許

θυμωμένος / ήρεμος

生氣/平靜

όμορφος / άσχημος

美/醜

αρχή / τέλος

首/尾

μεγάλος / μικρός

大/小

φωτεινός / σκοτεινός

明/暗

αδελφός / αδελφή

兄弟/姐妹

καθαρός / λερωμένος

乾淨/骯髒

πλήρης / ατελής

完整/缺失

ημέρα / νύχτα

白天/晚上

νεκρός / ζωντανός

死/生

φαρδύς / στενός

寬/窄

βρώσιμος / μη βρώσιμος

可食用/非食用

κακός / ευγενικός

邪惡/善良

ενθουσιασμένος / βαριεστημένος

興奮/無聊

παχύς / λεπτός

胖/瘦

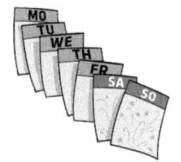

πρώτος / τελευταίος

第一/最後

φίλος / εχθρός

朋友/敵人

γεμάτος / άδειος

滿/空

σκληρός / μαλακός

硬/軟

βαρύς / ελαφρύς

重/輕

πείνα / δίψα

餓/渴

άρρωστος / υγιής

生病/健康

παράνομος / νόμιμος

非法/合法

έξυπνος / χαζός

聰明/愚笨

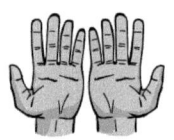

αριστερός / δεξιός

左/右

κοντινός / μακρινός

近/遠

καινούριος /
μεταχειρισμένος

新/舊

τίποτα / κάτι

沒有/有些

γέρος | νέος

老/幼

αναμμένος / σβηστός

開/關

ανοιχτός / κλειστός

打開/闔上

χαμηλόφωνος /
μεγαλόφωνος

安靜/吵鬧

πλούσιος / φτωχός

富/窮

σωστός / λανθασμένος

對/錯

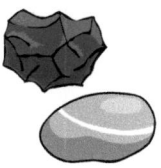

τραχύς / λείος

粗糙/光滑

λυπημένος / χαρούμενος

傷心/高興

κοντός / μακρύς

短/長

αργός / γρήγορος

慢/快

υγρός / στεγνός

濕/乾

ζεστός / δροσερός

溫暖/涼爽

πόλεμος / ειρήνη

戰爭/和平

0

μηδέν

零

1

ένα

一

2

δύο

二

3

τρία

三

4

τέσσερα

四

5

πέντε

五

6

έξι

六

7

εφτά

七

8

οκτώ

八

9

εννιά

九

10

δέκα

十

11

έντεκα

十一

12
δώδεκα
十二

13
δεκατρία
十三

14
δεκατέσσερα
十四

15
δεκαπέντε
十五

16
δεκαέξι
十六

17
δεκαεφτά
十七

18
δεκαοκτώ
十八

19
δεκαεννέα
十九

20
είκοσι
二十

100
εκατό
百

1.000
χίλια
千

1.000.000
εκατομμύριο
百萬

αριθμοί - 數字

Αγγλικά

英語

Αμερικάνικα Αγγλικά

美式英語

Μανδαρίνικα Κινέζικα

普通話

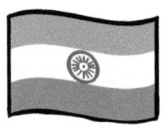

Χίντι

印地語

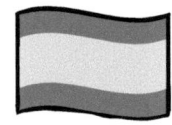

Ισπανικά

西班牙語

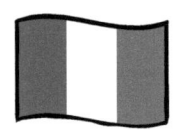

Γαλλικά

法語

Αραβικά

阿拉伯語

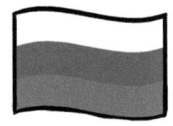

Ρώσικα

俄語

Πορτογαλικά

葡萄牙語

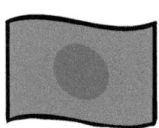

Μπενγκάλι

孟加拉語

Γερμανικά

德語

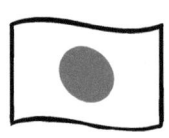

Ιαπωνικά

日語

εγώ

我

εσύ

你

αυτός / αυτή / αυτό

他/她/它

εμείς

我們

εσείς

你們

αυτοί / αυτές / αυτά

他們

ποιος / ποια / ποιο;

誰？

τι;

什麼？

πώς;

如何？

πού;

何處？

πότε;

何時？

όνομα

名字

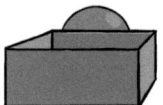

πίσω

後面

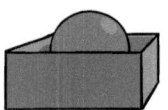

μέσα

裡面

μπροστά

前面

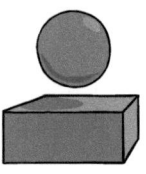

πάνω από

上方

πάνω

上面

κάτω

下麵

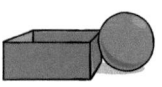

δίπλα

旁邊

ανάμεσα

中間

μέρος

地點

.